New Bilingual Visual
Dictionary

English–Polish

Milet

Milet Publishing
Smallfields Cottage, Cox Green
Rudgwick, Horsham, West Sussex
RH12 3DE England
info@milet.com
www.milet.com
www.milet.co.uk

First English–Polish edition published by Milet Publishing in 2017

Copyright © Milet Publishing, 2017

ISBN 978 1 78508 889 6

Text by Sedat Turhan & Patricia Billings
Illustrated by Anna Martinez
Designed by Christangelos Seferadis

Printed and bound in China by 1010 Printing International Ltd, March 2017.

▶ **Animals** 4–20

▶ **Human Body** 21–23

▶ **Home** 24–37

▶ **Clothing & Personal Objects** 38–47

▶ **Tools** 48–51

▶ **Technology** 52–53

▶ **Food** 54–71

▶ **Transportation** 72–81

▶ **Plants** 82–87

▶ **Environment** 88–97

▶ **Space** 98–99

▶ **Sports** 100–105

▶ **Arts** 106–107

▶ **Musical Instruments** 108–111

▶ **Time** 112–115

▶ **School** 116–121

▶ **Numbers** 122–127

▶ **Shapes** 128–129

▶ **Colors** 130–131

▶ **Punctuation Marks** 132

▶ **Symbols** 133

▶ **Index** 134

Zwierzęta 4–20

Ludzkie ciało 21–23

Dom 24–37

Odzież i przedmioty osobiste 38–47

Narzędzia 48–51

Technika 52–53

Jedzenie 54–71

Transport 72–81

Rośliny 82–87

Otoczenie 88–97

Kosmos 98–99

Sport 100–105

Sztuka 106–107

Instrumenty muzyczne 108–111

Czas 112–115

Szkoła 116–121

Liczby 122–127

Kształty 128–129

Kolory 130–131

Znaki interpunkcyjne 132

Znaki 133

Indeks 134

falcon
sokół

eagle
orzeł

flamingo
flaming

swan
łabędź

heron
czapla

pelican
pelikan

gull
mewa

swallow
jaskółka

lovebird
papużka nierozłączka

crow
wrona

pigeon
gołąb

robin
rudzik

stork
bocian

ostrich
struś

peacock
paw

sparrow
wróbel

parrot
papuga

wing
skrzydło

beak
dziób

owl
sowa

claw
pazur

tail
ogon

woodpecker
dzięcioł

birdcage
klatka

vulture
sęp

egg
jajko

feather
pióro

pet
zwierzę domowe

dog
pies

puppy
szczeniak

pet bed
legowisko

cat
kot

kitten
kociak

crest
grzebień

chick
pisklę

hen
kura

rooster
kogut

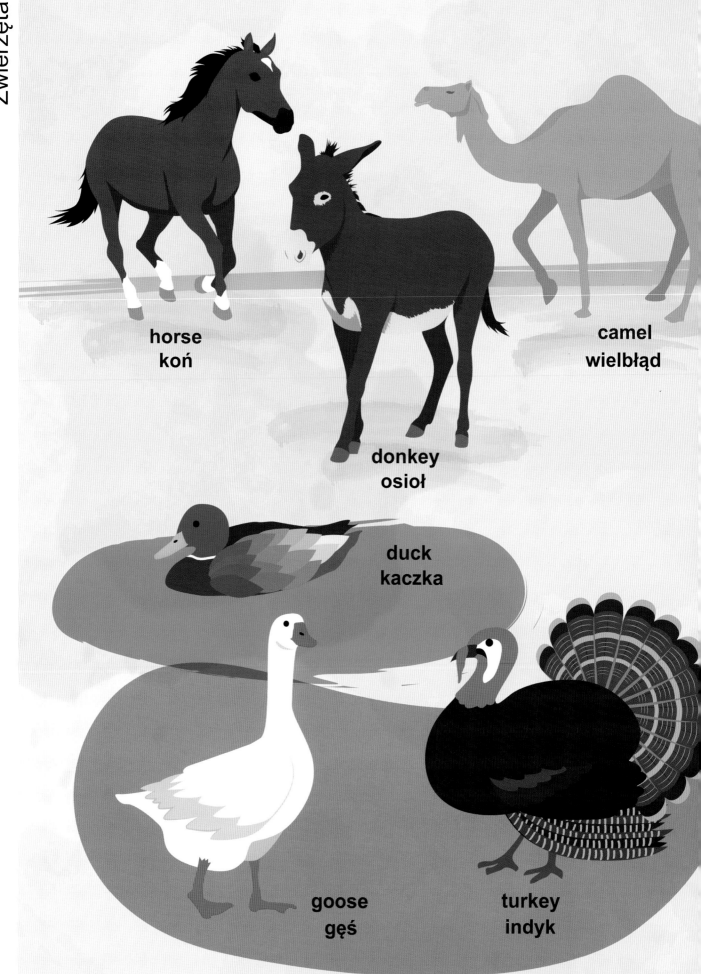

horse
koń

camel
wielbłąd

donkey
osioł

duck
kaczka

goose
gęś

turkey
indyk

barn
stodoła

cow
krowa

bull
byk

calf
cielę

pig
świnia

sheep
owca

lamb
jagnię

goat
koza

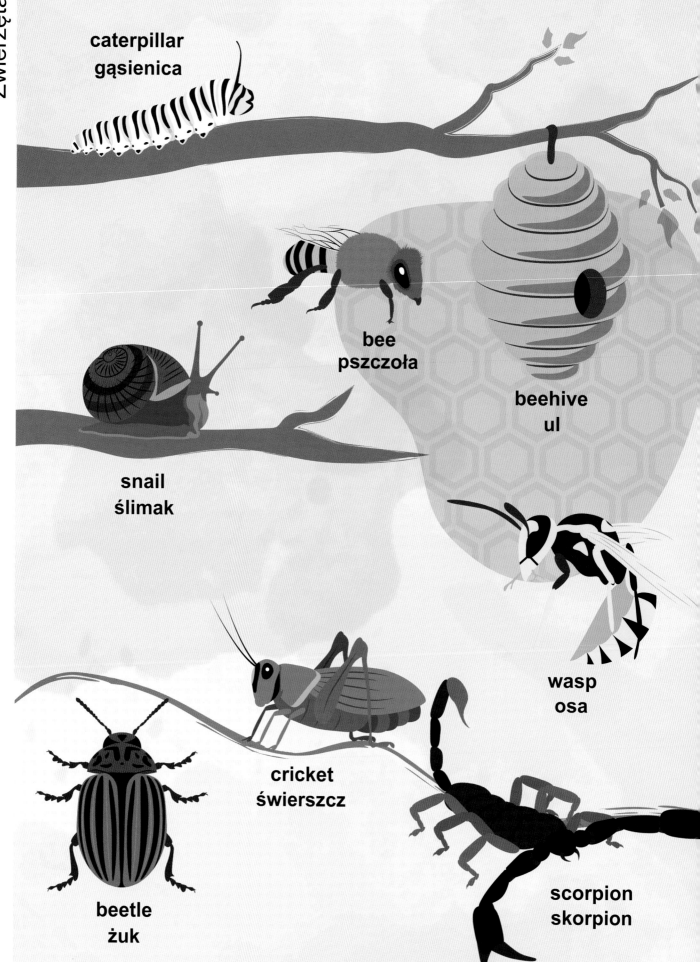

caterpillar
gąsienica

bee
pszczoła

beehive
ul

snail
ślimak

wasp
osa

cricket
świerszcz

beetle
żuk

scorpion
skorpion

web
pajęczyna

fly
mucha

mosquito
komar

spider
pająk

dragonfly
ważka

moth
ćma

butterfly
motyl

ladybird / ladybug
biedronka

grasshopper
konik polny

ant
mrówka

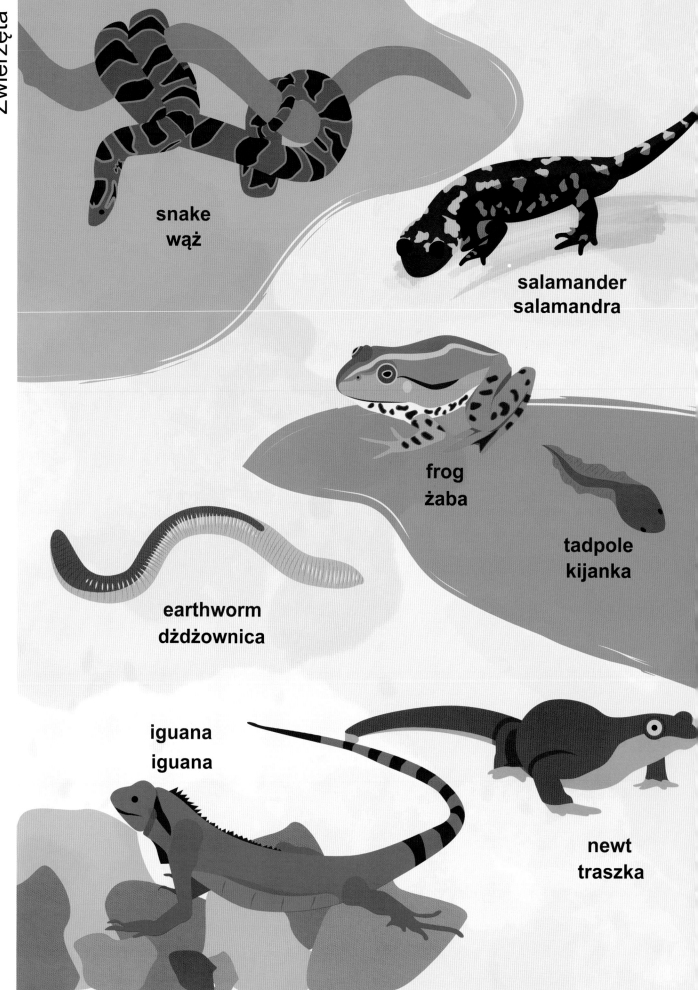

snake
wąż

salamander
salamandra

frog
żaba

tadpole
kijanka

earthworm
dżdżownica

iguana
iguana

newt
traszka

chameleon
kameleon

lizard
jaszczurka

crocodile
krokodyl

toad
ropucha

tortoise
żółw lądowy

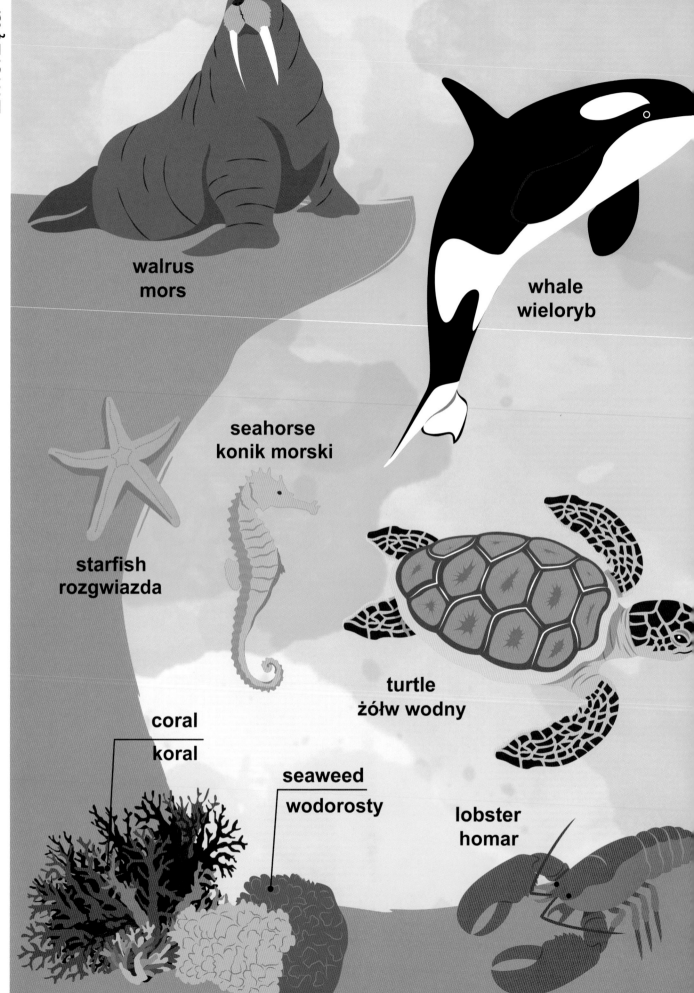

walrus
mors

whale
wieloryb

seahorse
konik morski

starfish
rozgwiazda

turtle
żółw wodny

coral
koral

seaweed
wodorosty

lobster
homar

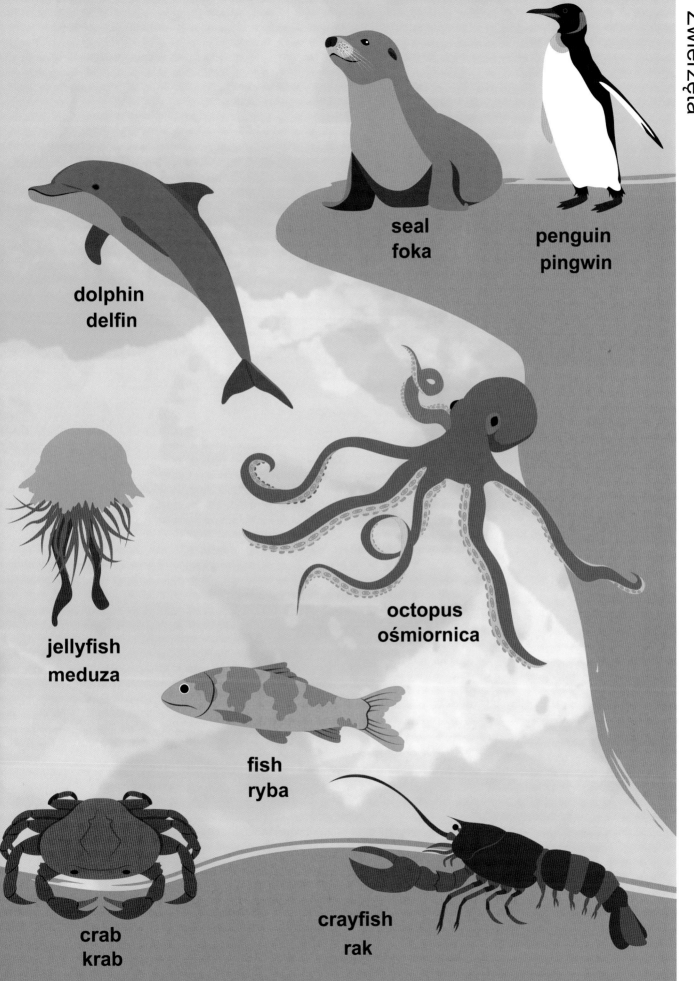

seal
foka

penguin
pingwin

dolphin
delfin

octopus
ośmiornica

jellyfish
meduza

fish
ryba

crab
krab

crayfish
rak

koala
koala

bat
nietoperz

kangaroo
kangur

raccoon
szop pracz

skunk
skunks

llama
lama

bear
niedźwiedź

polar bear
niedźwiedź polarny

elephant
słoń

panda
panda

tusk
kieł

trunk
trąba

fox
lis

wolf
wilk

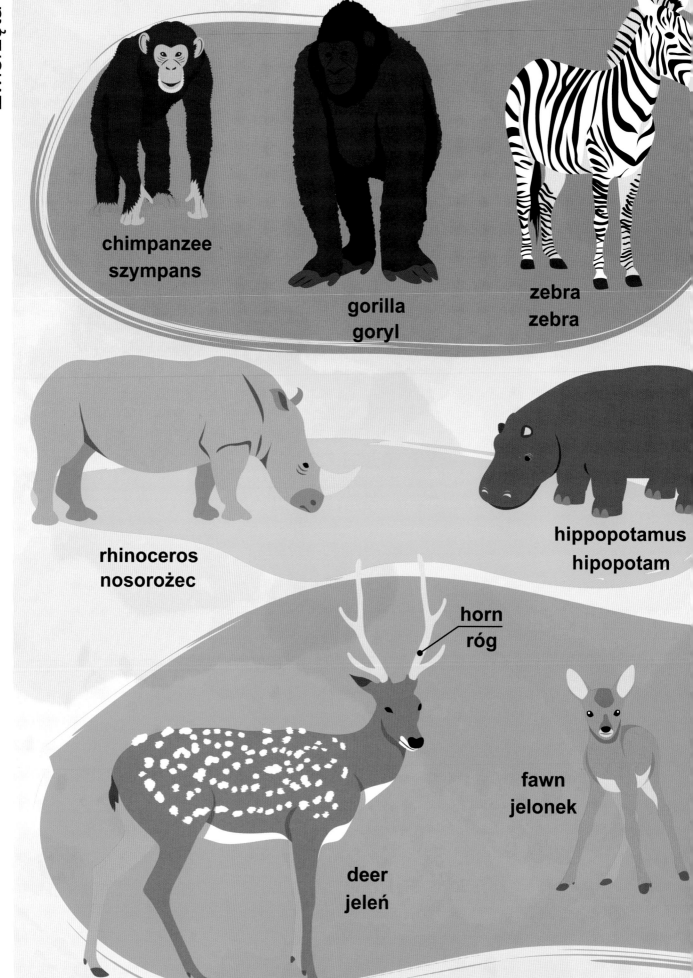

chimpanzee
szympans

gorilla
goryl

zebra
zebra

rhinoceros
nosorożec

hippopotamus
hipopotam

horn
róg

fawn
jelonek

deer
jeleń

giraffe
żyrafa

leopard
lampart

tiger
tygrys

mane
grzywa

lion
lew

cub
lwiątko

mole
kret

hedgehog
jeż

tail
ogon

mouse
mysz

rat
szczur

squirrel
wiewiórka

rabbit
królik

otter
wydra

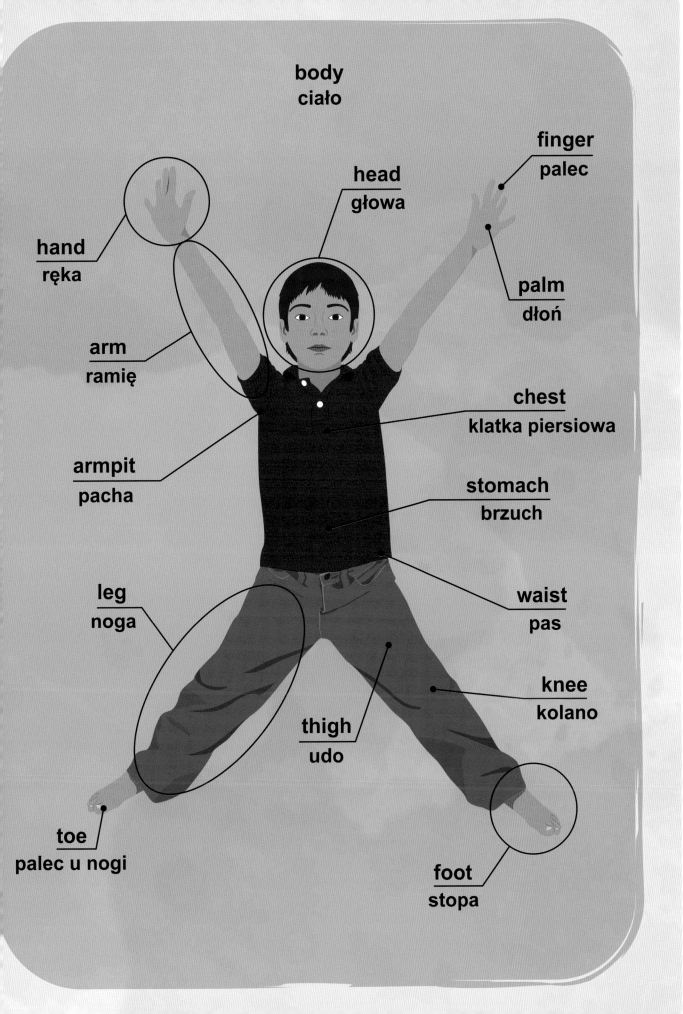

body
ciało

finger
palec

head
głowa

hand
ręka

palm
dłoń

arm
ramię

chest
klatka piersiowa

armpit
pacha

stomach
brzuch

leg
noga

waist
pas

knee
kolano

thigh
udo

toe
palec u nogi

foot
stopa

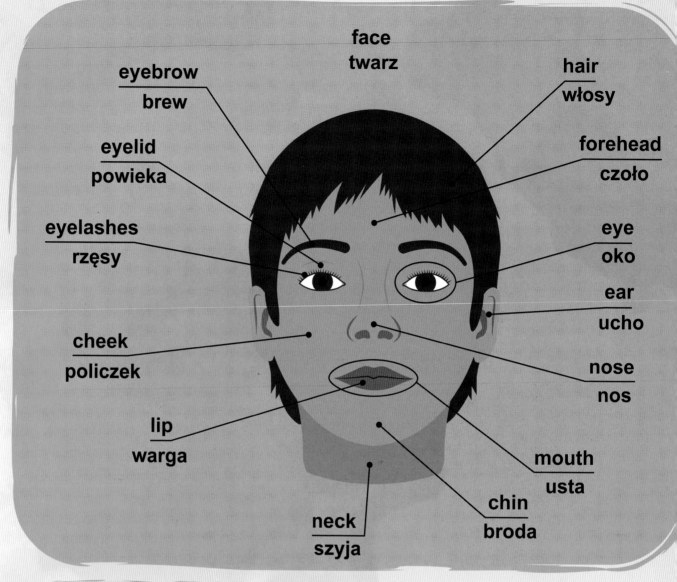

face
twarz

eyebrow
brew

hair
włosy

eyelid
powieka

forehead
czoło

eyelashes
rzęsy

eye
oko

ear
ucho

cheek
policzek

nose
nos

lip
warga

mouth
usta

neck
szyja

chin
broda

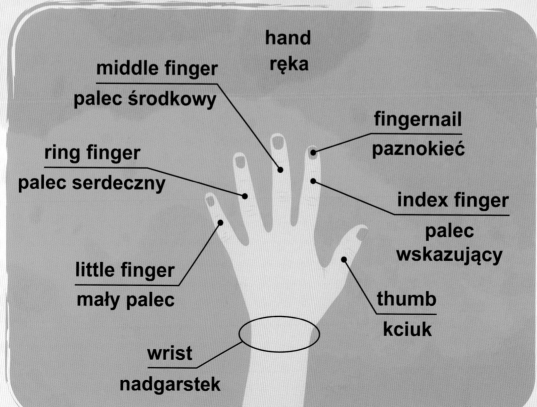

hand
ręka

middle finger
palec środkowy

fingernail
paznokieć

ring finger
palec serdeczny

index finger
palec
wskazujący

little finger
mały palec

thumb
kciuk

wrist
nadgarstek

fingerprint
odcisk palc

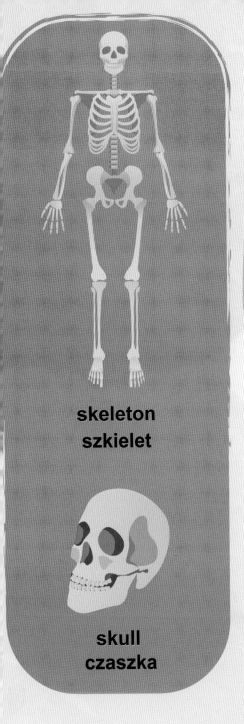

skeleton
szkielet

skull
czaszka

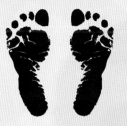

footprints
ślad stopy

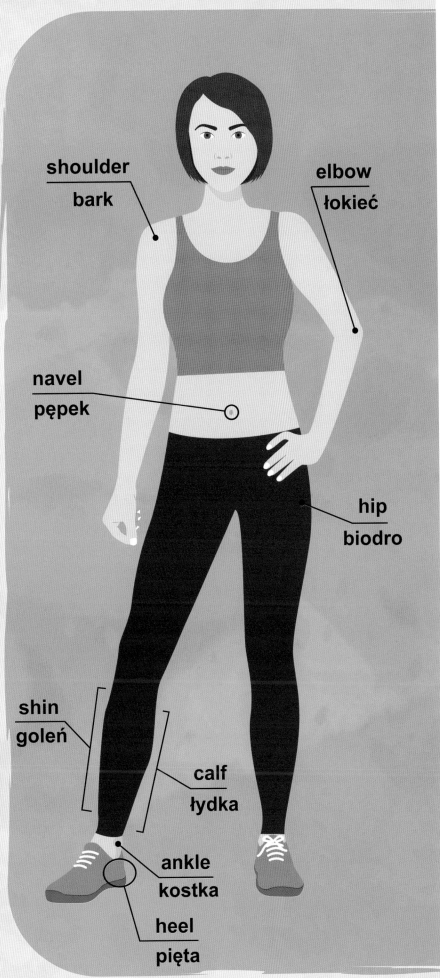

shoulder
bark

elbow
łokieć

navel
pępek

hip
biodro

shin
goleń

calf
łydka

ankle
kostka

heel
pięta

apartment building
blok mieszkalny

roof
dach

window
okno

house
dom

wall
ściana

chimney
komin

attic
strych

door
drzwi

ground floor
parter

steps
schody

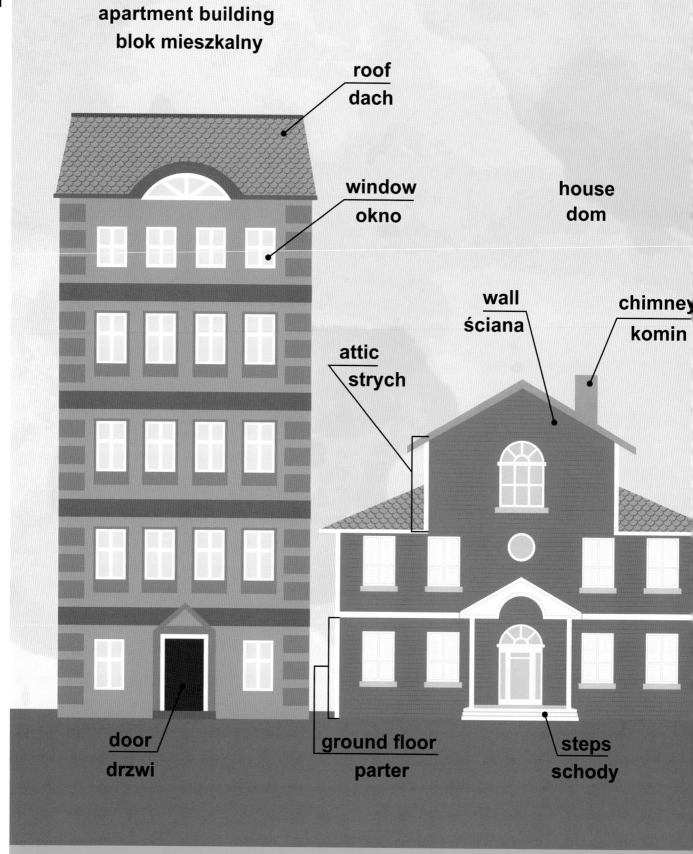

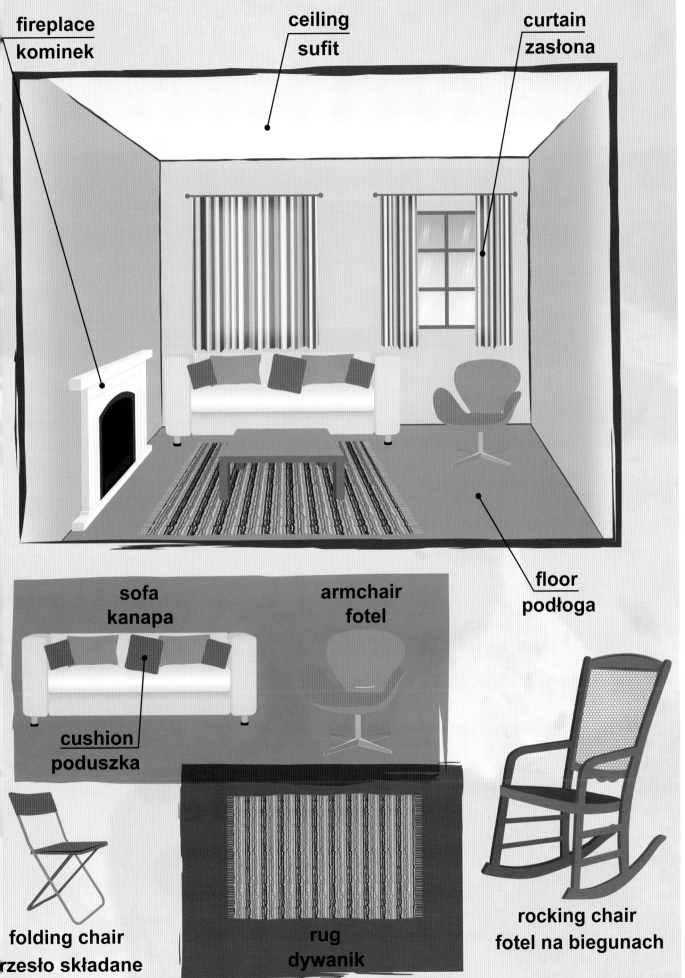

**fireplace
kominek**

**ceiling
sufit**

**curtain
zasłona**

**floor
podłoga**

**sofa
kanapa**

**armchair
fotel**

<u>**cushion**</u>
poduszka

**folding chair
rzesło składane**

**rug
dywanik**

**rocking chair
fotel na biegunach**

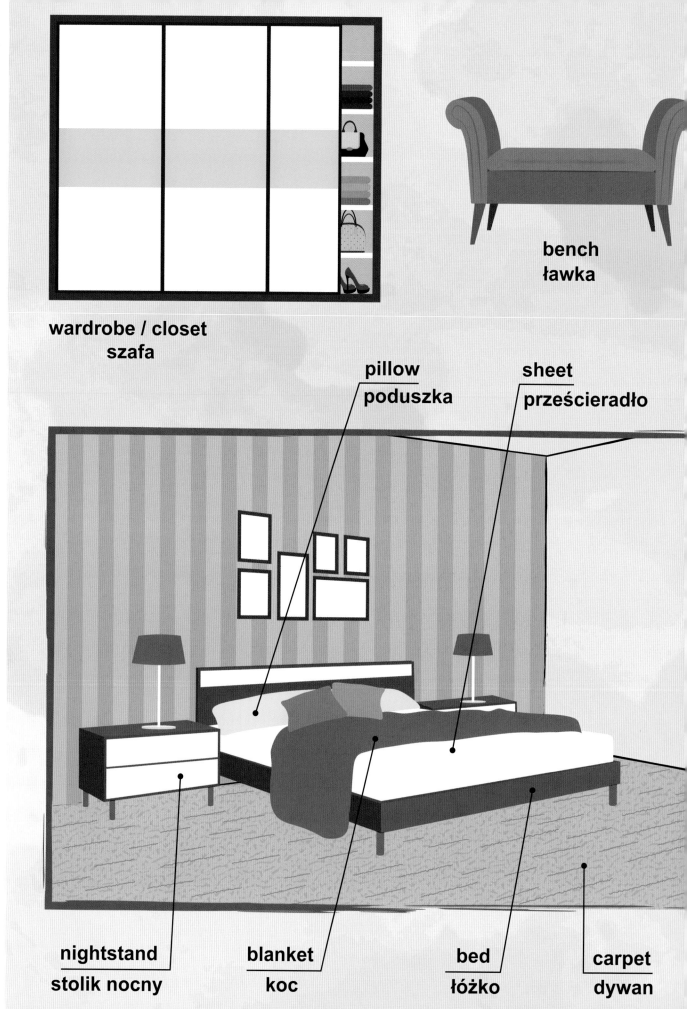

wardrobe / closet
szafa

bench
ławka

pillow
poduszka

sheet
prześcieradło

nightstand
stolik nocny

blanket
koc

bed
łóżko

carpet
dywan

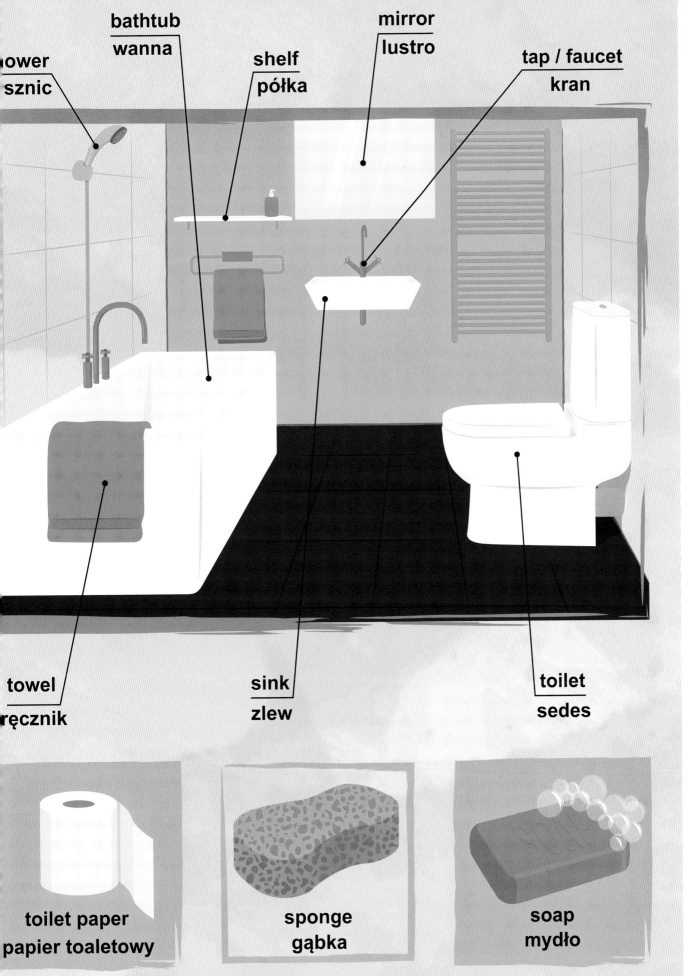

bathtub
wanna

shower
sznic

shelf
półka

mirror
lustro

tap / faucet
kran

towel
ręcznik

sink
zlew

toilet
sedes

toilet paper
papier toaletowy

sponge
gąbka

soap
mydło

console
szafka

chair
krzesło

ceiling lamp
lampa sufitowa

dining table
stół

cabinet
kredens

place setting
nakrycie

stool
stołek

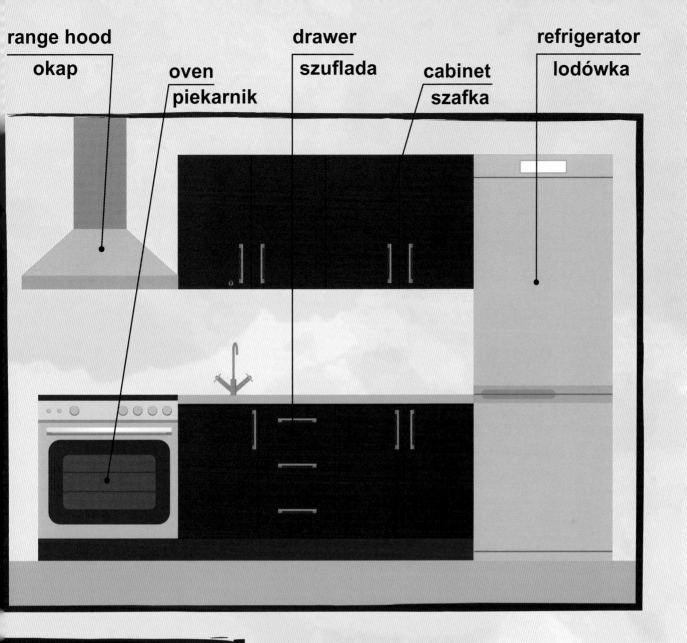

range hood
okap

oven
piekarnik

drawer
szuflada

cabinet
szafka

refrigerator
lodówka

frying pan
patelnia

slow cooker
wolnowar

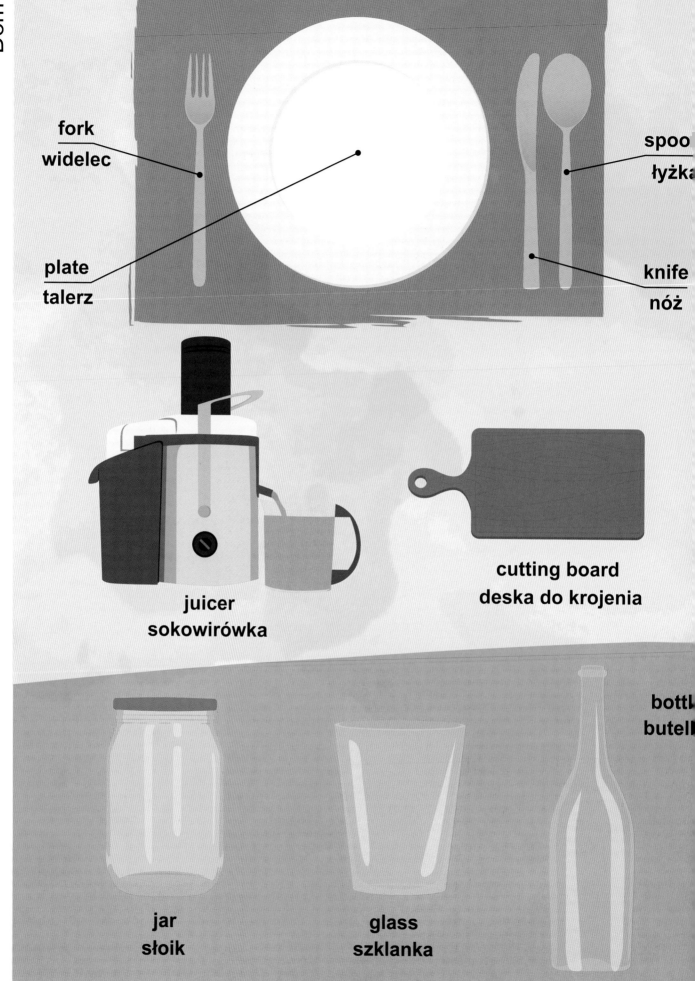

fork
widelec

spoo
łyżka

plate
talerz

knife
nóż

juicer
sokowirówka

cutting board
deska do krojenia

bottl
butel

jar
słoik

glass
szklanka

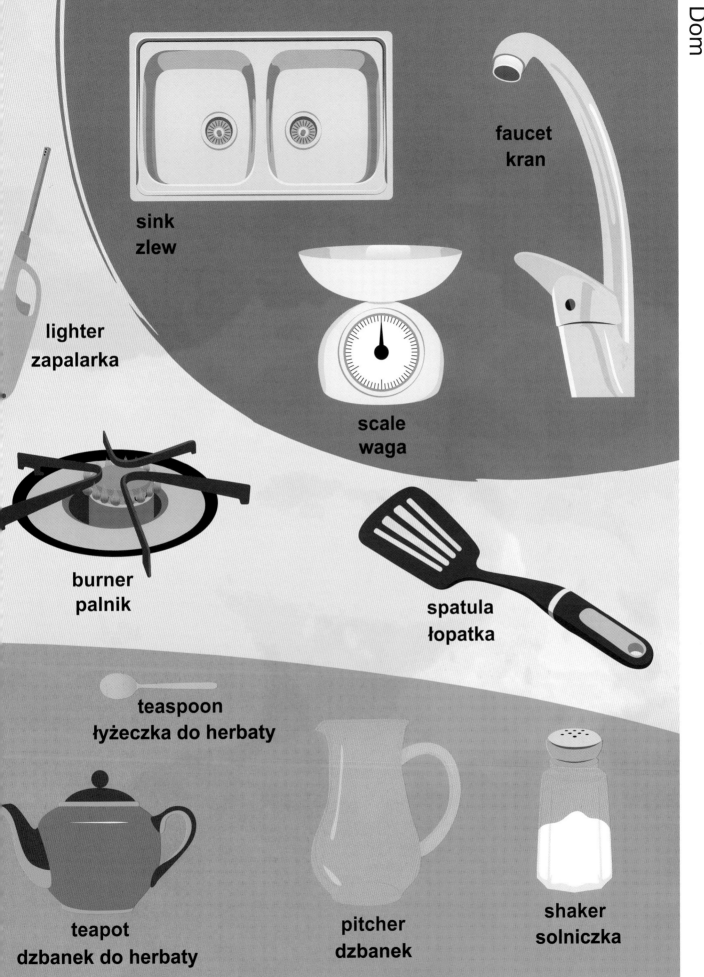

faucet
kran

sink
zlew

scale
waga

lighter
zapalarka

burner
palnik

spatula
łopatka

teaspoon
łyżeczka do herbaty

teapot
dzbanek do herbaty

pitcher
dzbanek

shaker
solniczka

mixer
mikser

toaster oven
opiekacz

food processor
robot kuchenny

blender
mikser

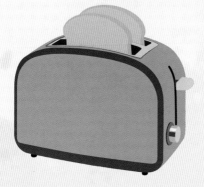

toaster
toster

microwave oven
mikrofalówka

dishwasher
zmywarka

washing machine
pralka

duster
miotełka do
kurzu

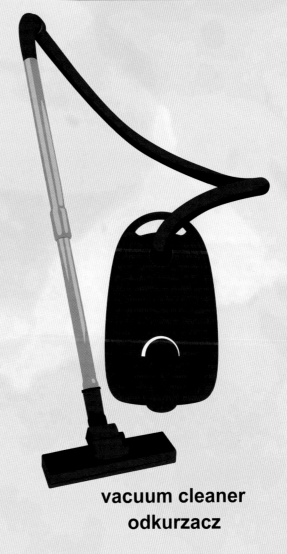

iron
żelazko

vacuum cleaner
odkurzacz

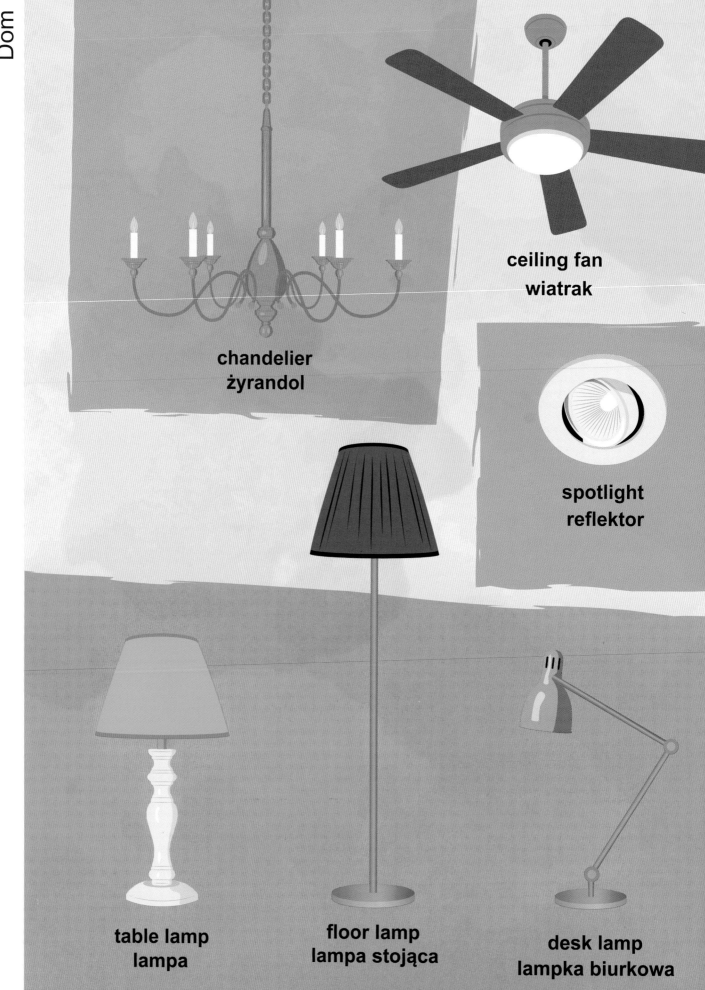

ceiling fan
wiatrak

chandelier
żyrandol

spotlight
reflektor

table lamp
lampa

floor lamp
lampa stojąca

desk lamp
lampka biurkowa

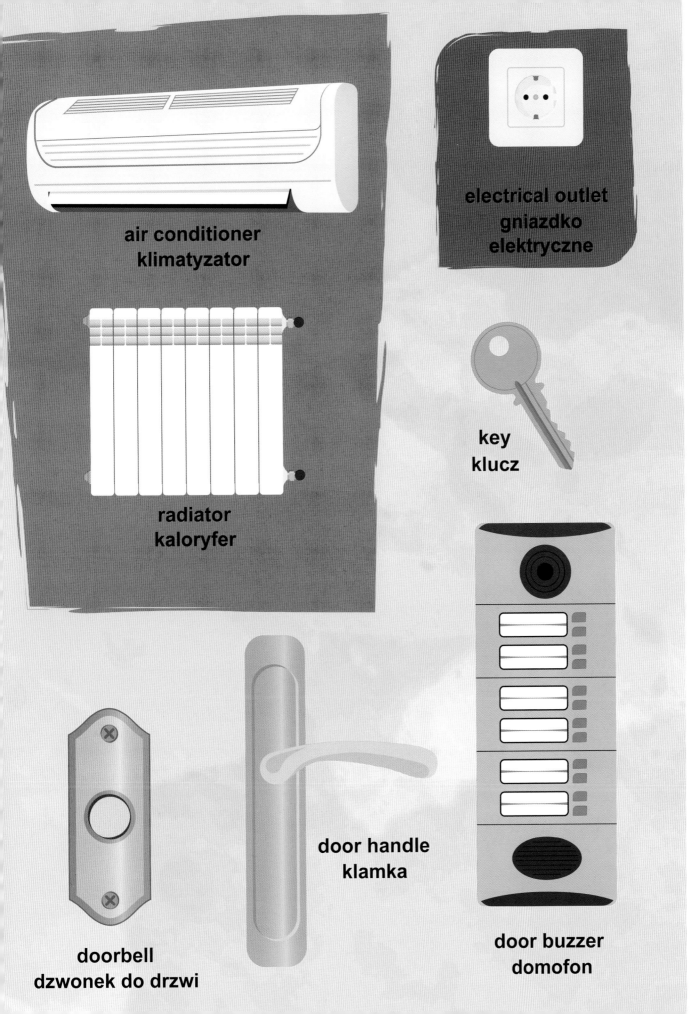

air conditioner
klimatyzator

electrical outlet
gniazdko
elektryczne

key
klucz

radiator
kaloryfer

door handle
klamka

doorbell
dzwonek do drzwi

door buzzer
domofon

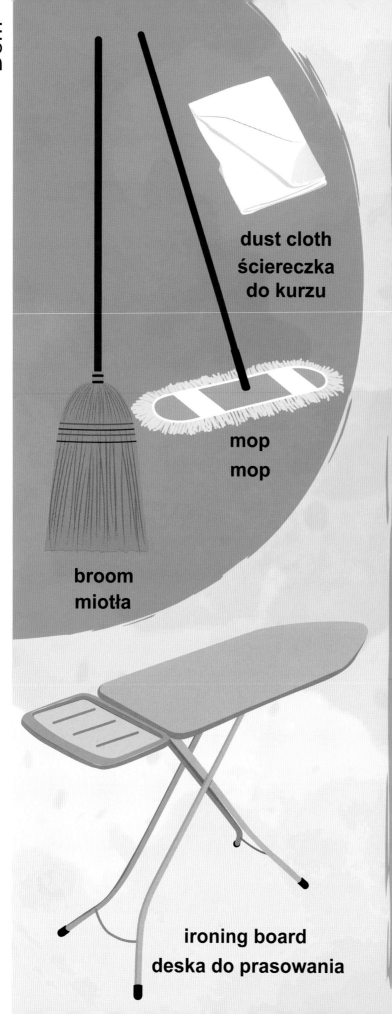

dust cloth
ściereczka
do kurzu

mop
mop

broom
miotła

ironing board
deska do prasowania

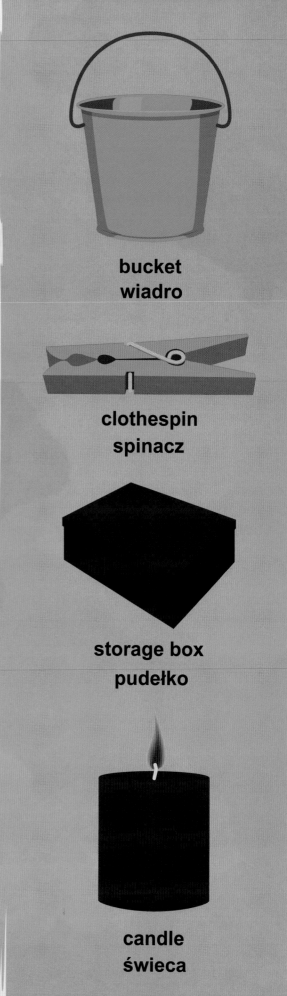

bucket
wiadro

clothespin
spinacz

storage box
pudełko

candle
świeca

flowerpot
doniczka

vase
wazon

jerrycan
kanister

rubbish bag / garbage bag
worek na śmieci

doormat
wycieraczka

clock
zegar

basket
koszyk

dress
sukienka

blouse
bluzka

hat
kapelusz

tie
krawat

skirt
spódnica

pumps
pantofle

bow tie
muszka

suit
garnitur

shoes
buty

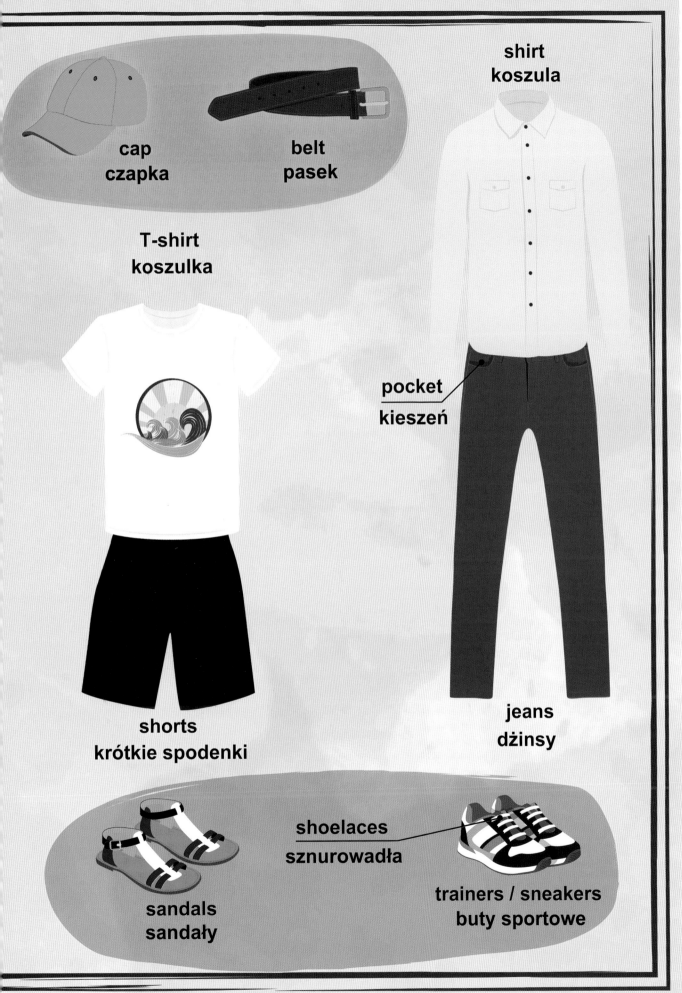

cap
czapka

belt
pasek

shirt
koszula

T-shirt
koszulka

pocket
kieszeń

shorts
krótkie spodenki

jeans
dżinsy

shoelaces
sznurowadła

sandals
sandały

trainers / sneakers
buty sportowe

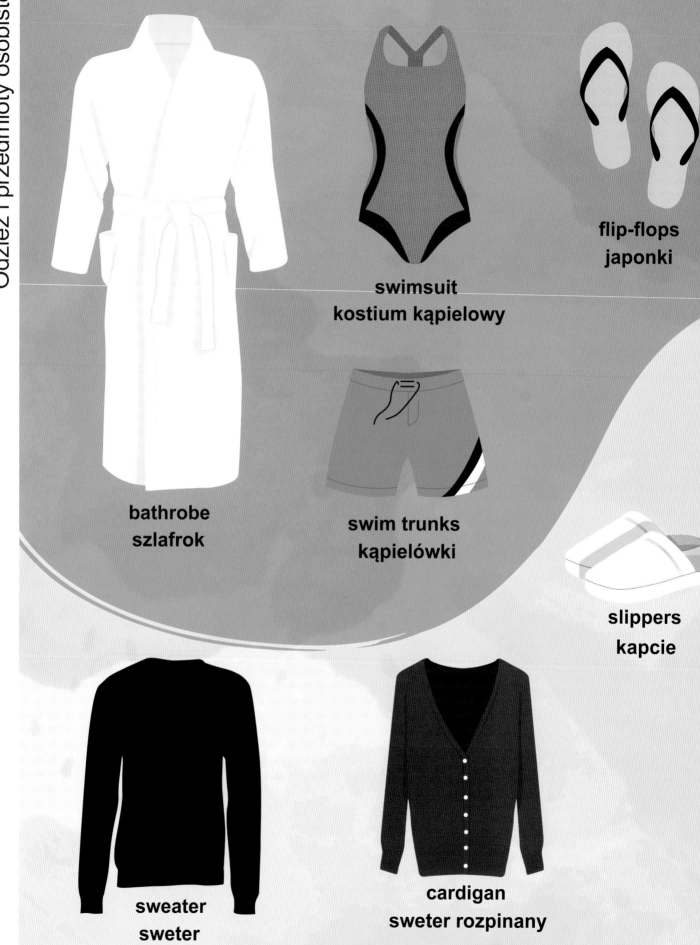

swimsuit
kostium kąpielowy

flip-flops
japonki

bathrobe
szlafrok

swim trunks
kąpielówki

slippers
kapcie

sweater
sweter

cardigan
sweter rozpinany

boots
buty

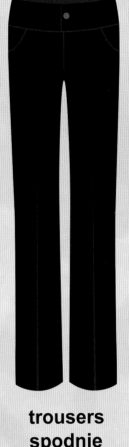

trousers
spodnie

coat
płaszcz

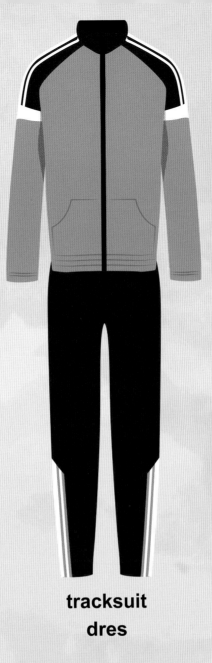

tracksuit
dres

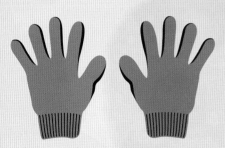

gloves
rękawiczki

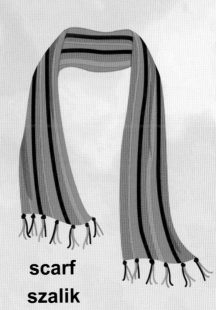

scarf
szalik

socks
skarpetki

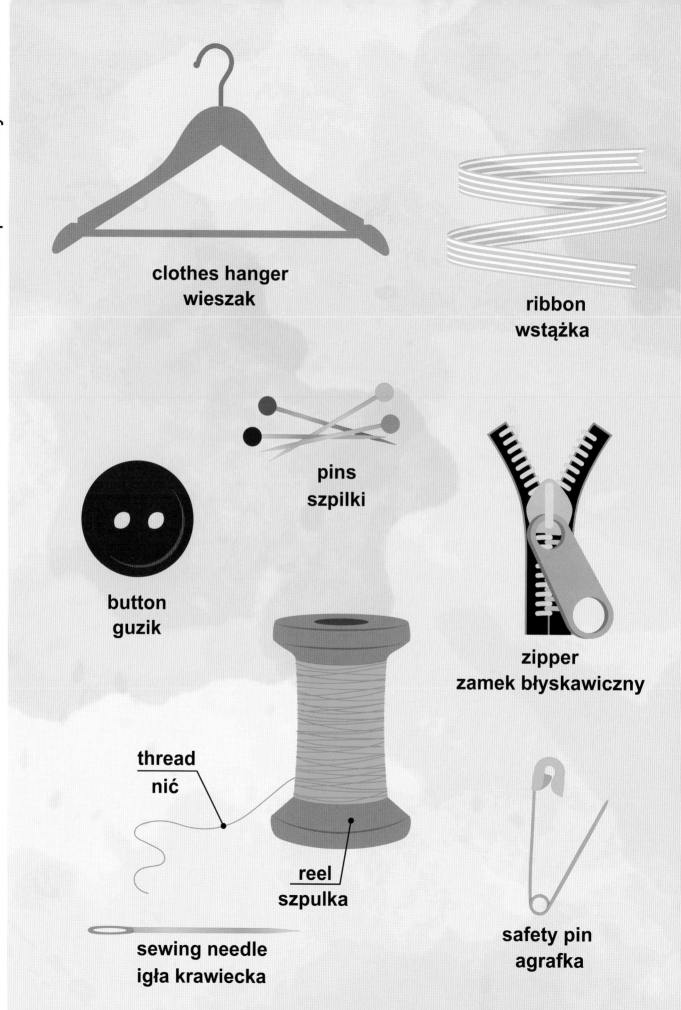

clothes hanger
wieszak

ribbon
wstążka

pins
szpilki

button
guzik

zipper
zamek błyskawiczny

thread
nić

reel
szpulka

safety pin
agrafka

sewing needle
igła krawiecka

eyeglasses
okulary

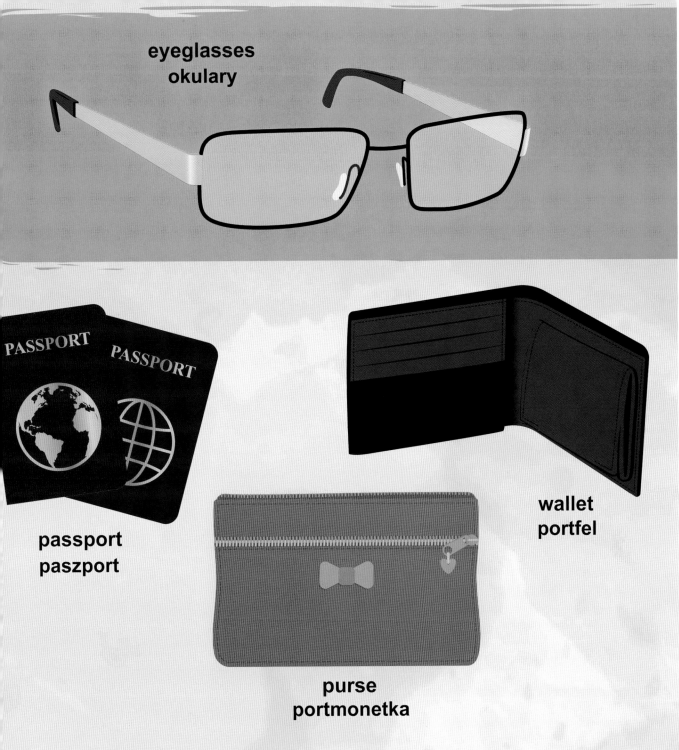

passport
paszport

wallet
portfel

purse
portmonetka

sunglasses
okulary przeciwsłoneczne

43

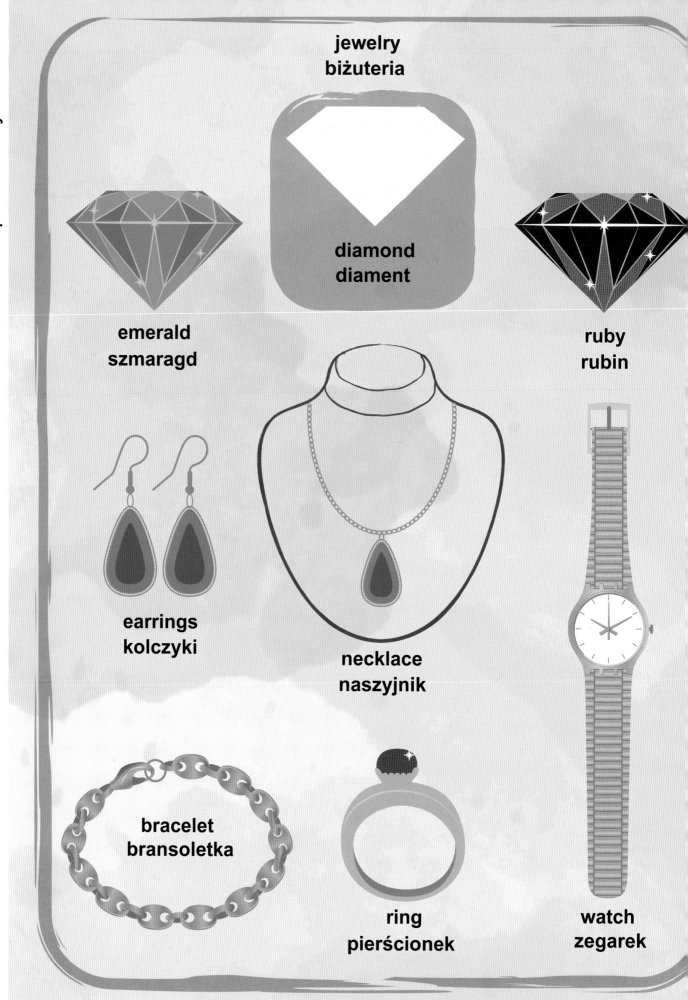

jewelry
biżuteria

diamond
diament

emerald
szmaragd

ruby
rubin

earrings
kolczyki

necklace
naszyjnik

bracelet
bransoletka

ring
pierścionek

watch
zegarek

umbrella
parasol

suitcase
walizka

briefcase
teczka

handbag
torebka

backpack
plecak

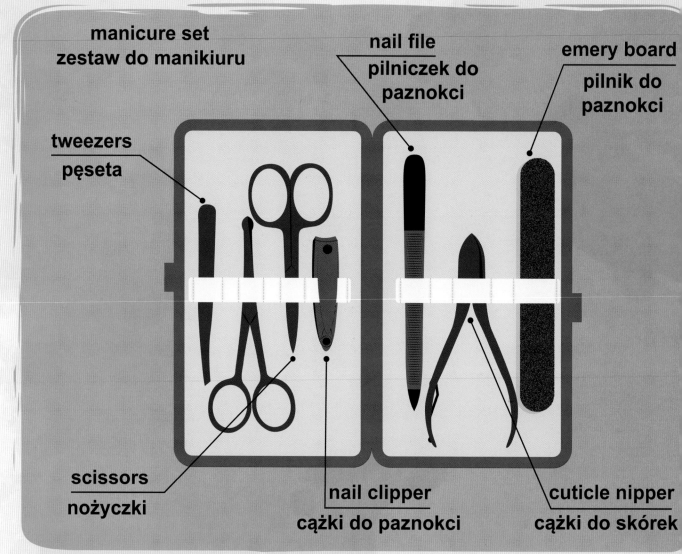

manicure set
zestaw do manikiuru

nail file
pilniczek do
paznokci

emery board
pilnik do
paznokci

tweezers
pęseta

scissors
nożyczki

nail clipper
cążki do paznokci

cuticle nipper
cążki do skórek

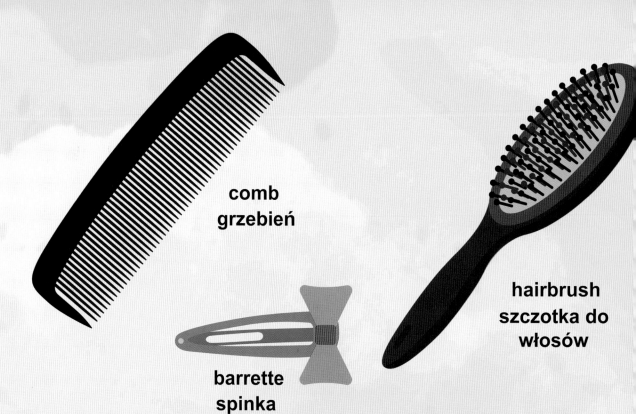

comb
grzebień

hairbrush
szczotka do
włosów

barrette
spinka

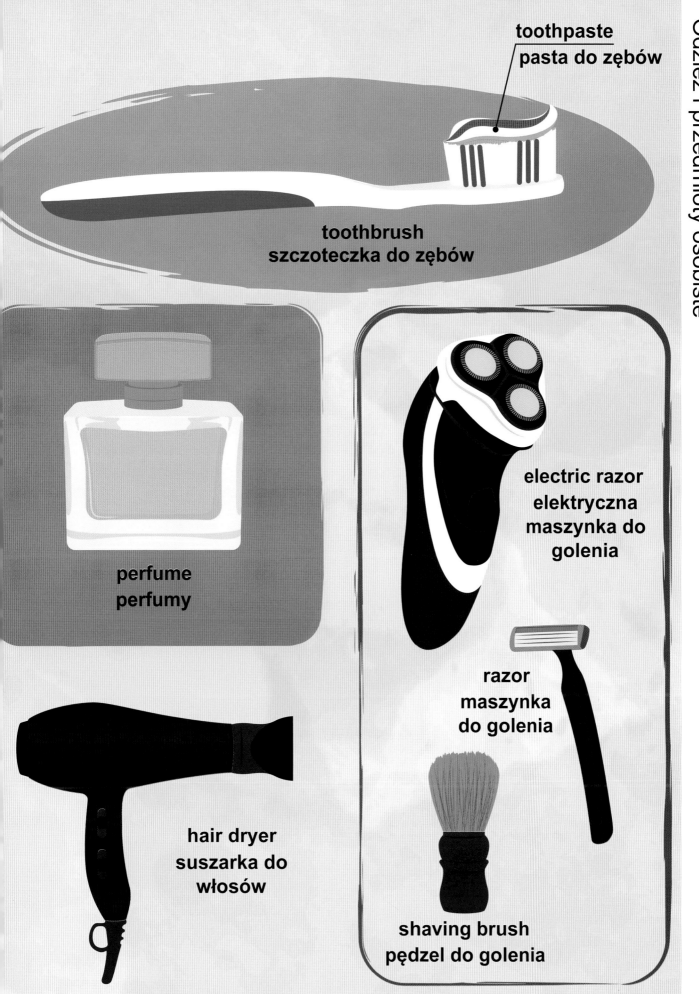

toothpaste
pasta do zębów

toothbrush
szczoteczka do zębów

perfume
perfumy

electric razor
elektryczna
maszynka do
golenia

razor
maszynka
do golenia

hair dryer
suszarka do
włosów

shaving brush
pędzel do golenia

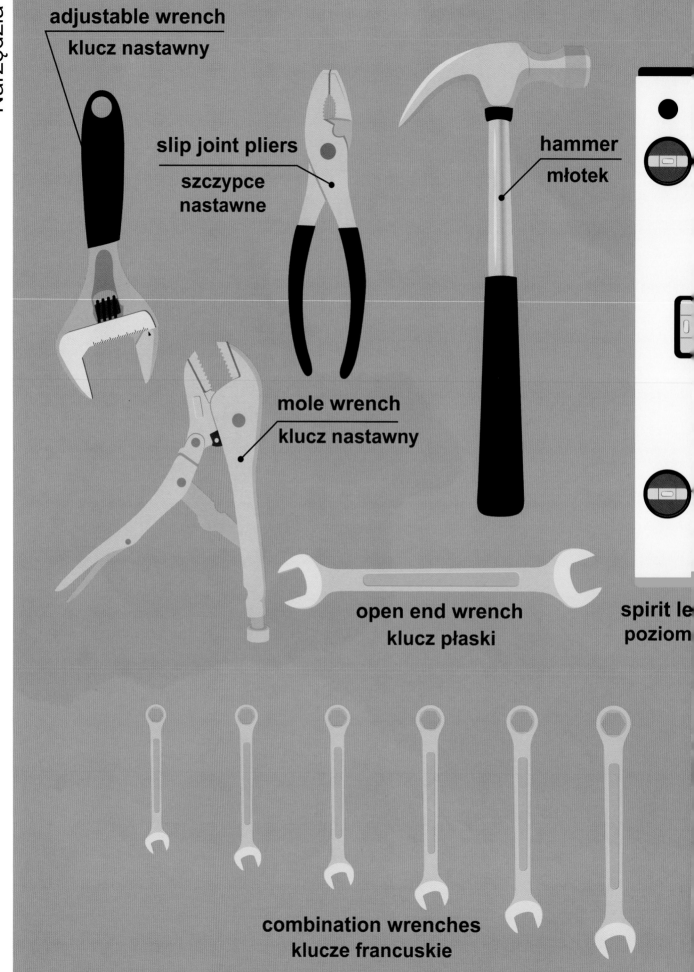

adjustable wrench
klucz nastawny

slip joint pliers
szczypce
nastawne

hammer
młotek

mole wrench
klucz nastawny

open end wrench
klucz płaski

spirit le
poziom

combination wrenches
klucze francuskie

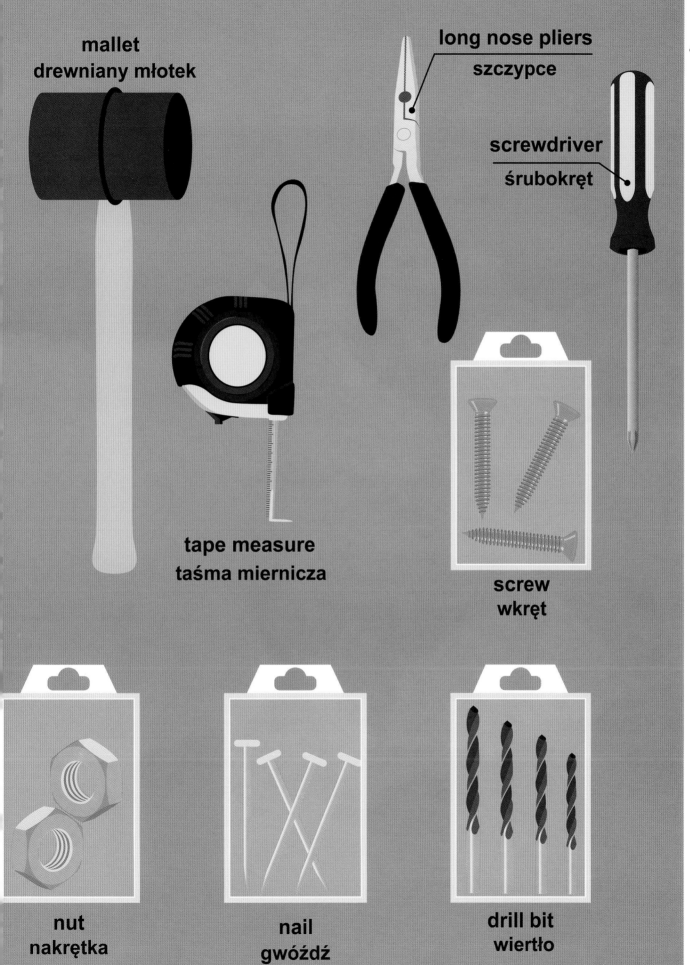

mallet
drewniany młotek

long nose pliers
szczypce

screwdriver
śrubokręt

tape measure
taśma miernicza

screw
wkręt

nut
nakrętka

nail
gwóźdź

drill bit
wiertło

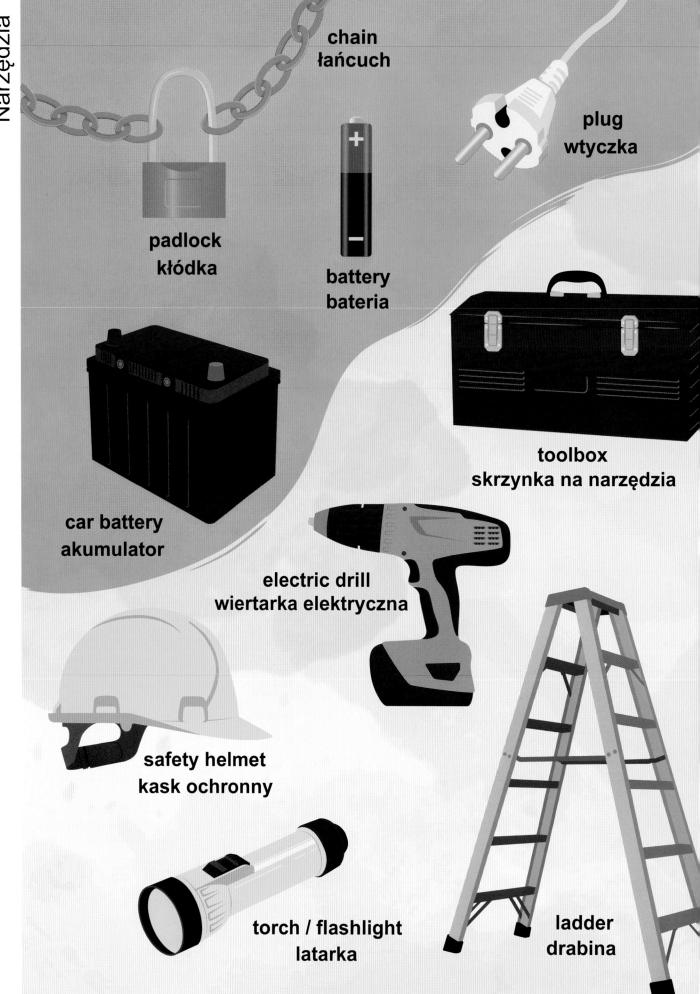

chain
łańcuch

plug
wtyczka

padlock
kłódka

battery
bateria

toolbox
skrzynka na narzędzia

car battery
akumulator

electric drill
wiertarka elektryczna

safety helmet
kask ochronny

torch / flashlight
latarka

ladder
drabina

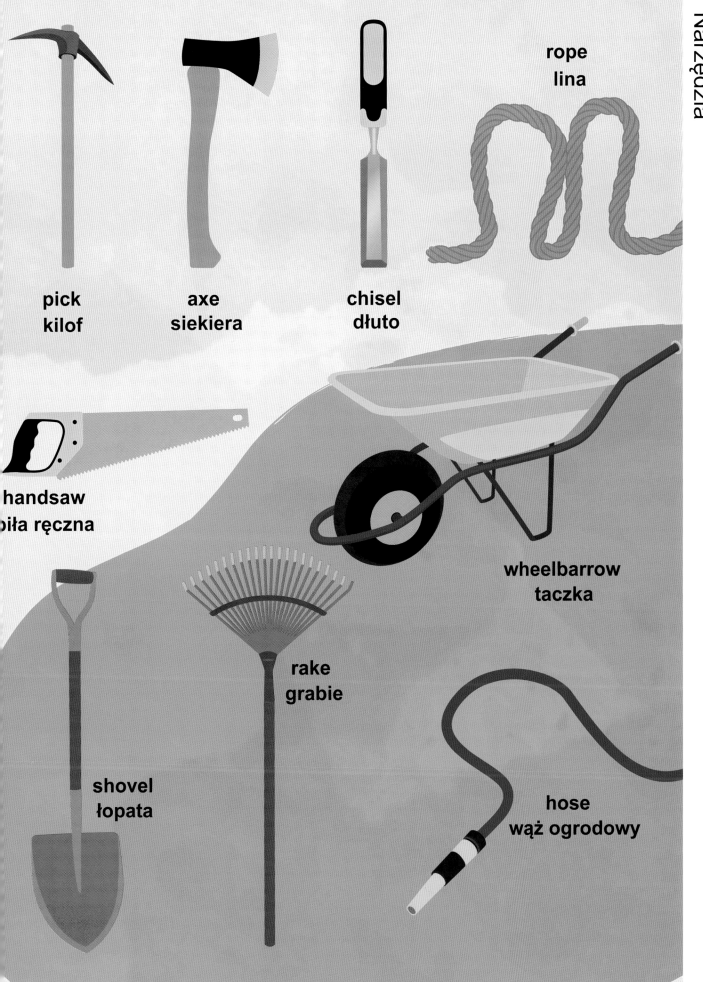

rope
lina

pick
kilof

axe
siekiera

chisel
dłuto

handsaw
piła ręczna

wheelbarrow
taczka

rake
grabie

shovel
łopata

hose
wąż ogrodowy

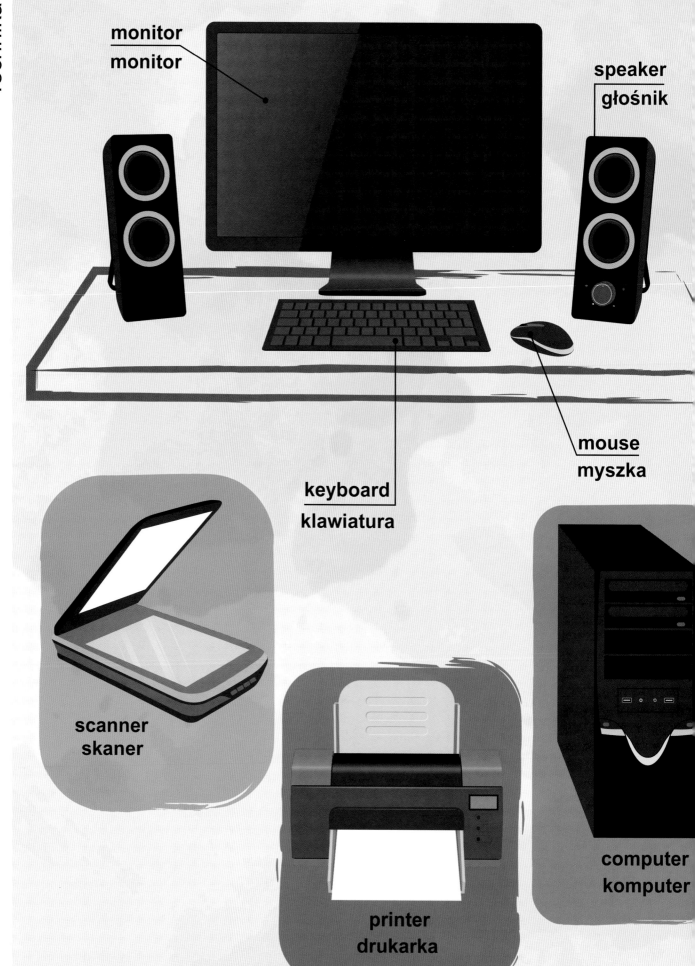

monitor
monitor

speaker
głośnik

mouse
myszka

keyboard
klawiatura

scanner
skaner

printer
drukarka

computer
komputer

video camera
kamera wideo

tablet
tablet

mobile phone /
cell phone
telefon
komórkowy

radio
radio

microphone
mikrofon

earphones
słuchawki

cable
kabel

telephone
telefon

supermarket
supermarket

restaurant
restauracja

lemon
cytryna

grapes
winogrona

orange
pomarańcza

pineapple
ananas

plum
śliwka

watermelon
arbuz

apple
jabłko

pear
gruszka

apricot
morela

peach
brzoskwinia

banana
banan

avocado
awokado

cherry
czereśnia

strawberry
truskawka

blackberry
jeżyna

blueberry
jagoda

raspberry
malina

kiwi
kiwi

mandarin
mandarynka

grapefruit
grejpfrut

mango
mango

pomegranate
granat

quince
pigwa

melon
melon

coconut
kokos

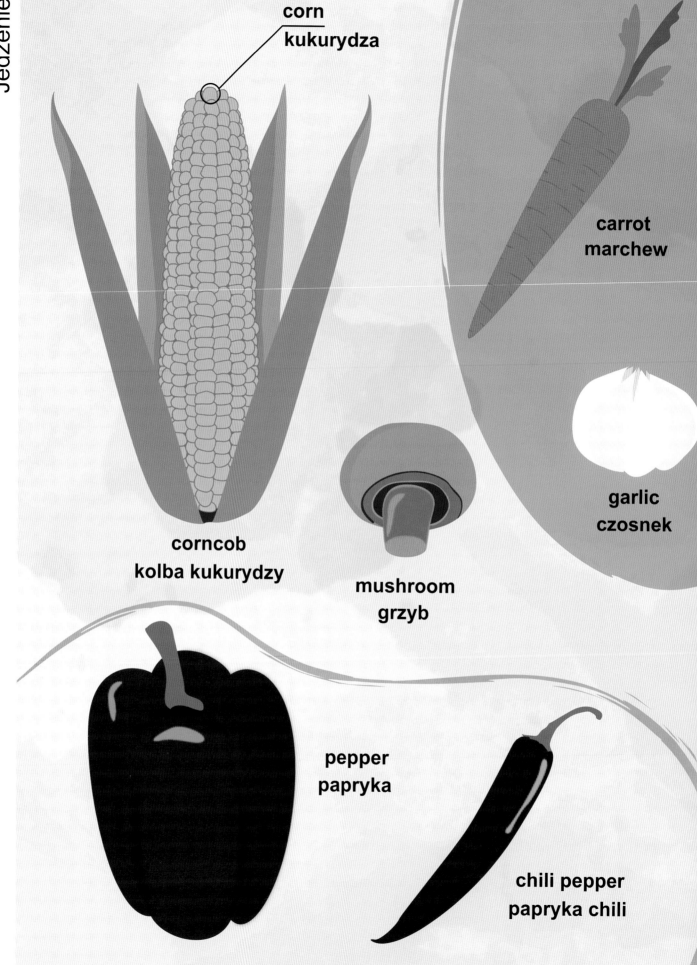

corn
kukurydza

carrot
marchew

corncob
kolba kukurydzy

mushroom
grzyb

garlic
czosnek

pepper
papryka

chili pepper
papryka chili

tomato
pomidor

cucumber
ogórek

onion
cebula

pumpkin
dynia

potato
ziemniak

green bean
fasolka szparagowa

okra
okra

peas
groszek

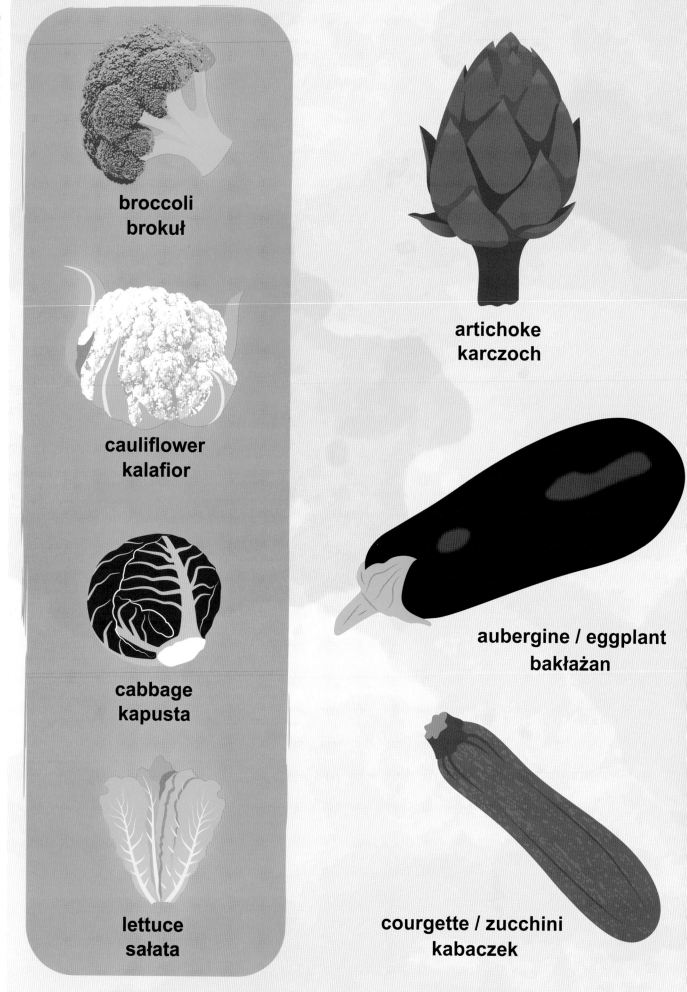

broccoli
brokuł

cauliflower
kalafior

cabbage
kapusta

lettuce
sałata

artichoke
karczoch

aubergine / eggplant
bakłażan

courgette / zucchini
kabaczek

green onion
zielona cebula

leek
por

celery
seler

spinach
szpinak

turnip
rzepa

asparagus
szparag

radish
rzodkiewka

dill
koperek

mint
mięta

parsley
pietruszka

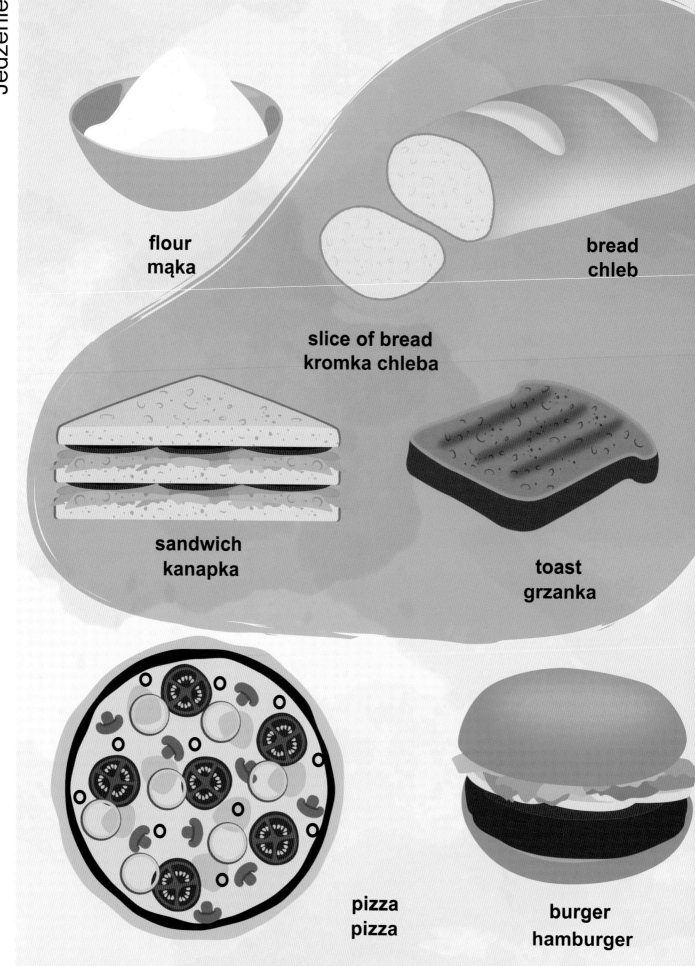

flour
mąka

bread
chleb

slice of bread
kromka chleba

sandwich
kanapka

toast
grzanka

pizza
pizza

burger
hamburger

crackers
krakersy

biscuit
herbatnik

chocolate chip cookie
ciastko z kawałkami
czekolady

cake
ciasto

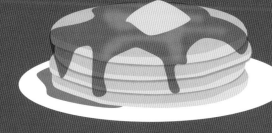

pie
placek

pancakes
naleśniki

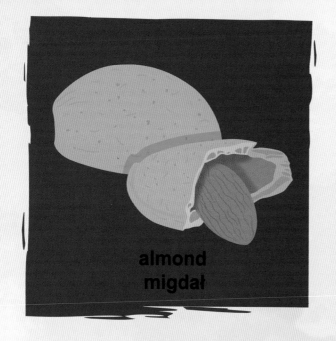

almond
migdał

hazelnut
orzech
laskowy

chestnut

kasztan

pistachio

pistacja

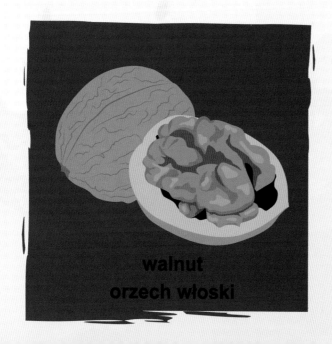

walnut
orzech włoski

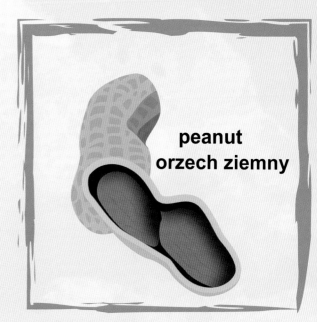

peanut
orzech ziemny

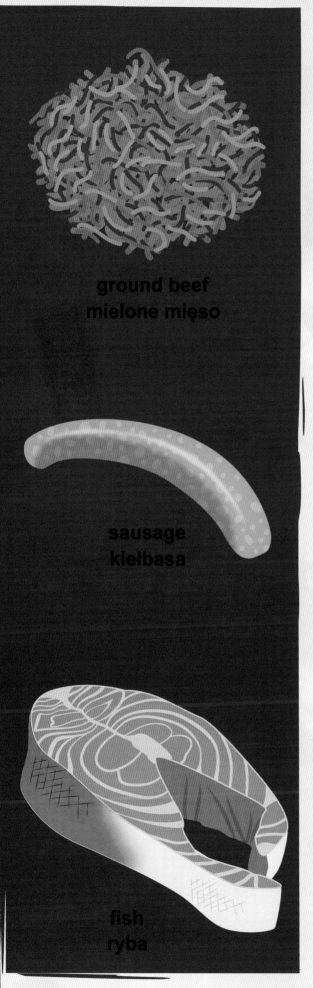

ground beef
mielone mięso

sausage
kiełbasa

fish
ryba

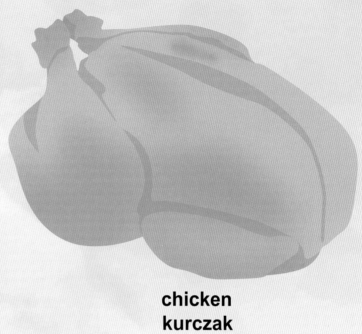

chicken
kurczak

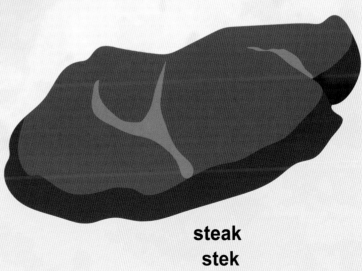

steak
stek

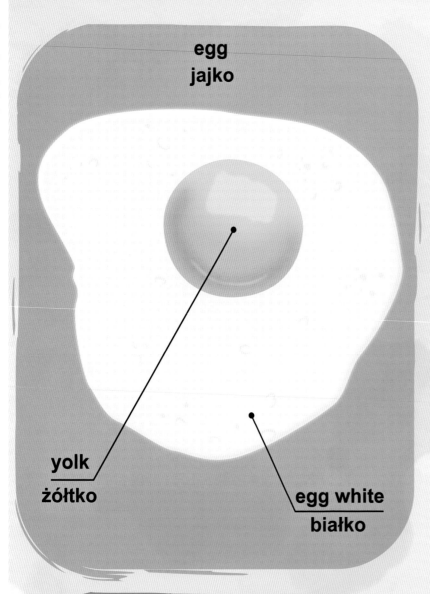

egg
jajko

yolk
żółtko

egg white
białko

pasta
makaron

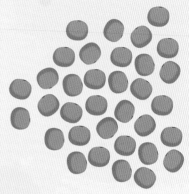

lentils
soczewica

rice
ryż

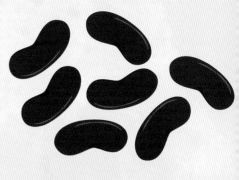

beans
fasola

honey
miód

canned food
jedzenie w puszce

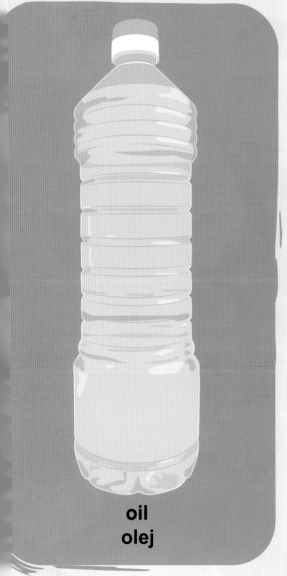

oil
olej

olive
oliwki

olive oil
oliwa z oliwek

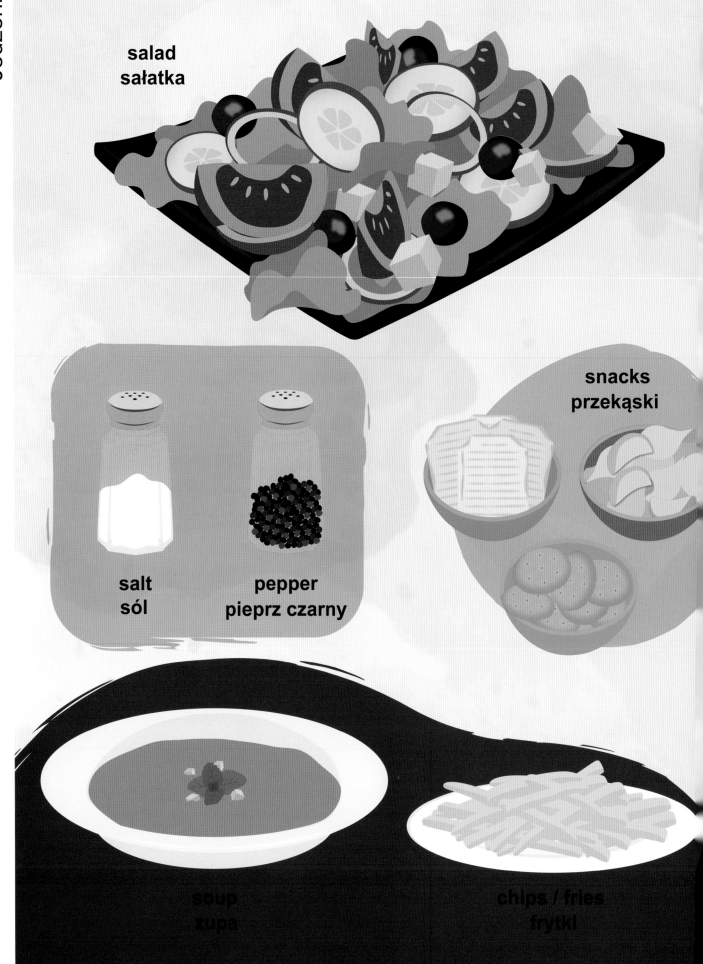

salad
sałatka

snacks
przekąski

salt
sól

pepper
pieprz czarny

soup
zupa

chips / fries
frytki

sugar
cukier

breakfast
śniadanie

chocolate
czekolada

candy
cukierki

ice cream
lody

dessert
deser

popcorn
rażona kukurydza

butter
masło

cheese
ser

yogurt
jogurt

soy milk
mleko sojowe

milk
mleko

water
woda

fruit juice
sok owocowy

lemonade
lemoniada

ice cube
kostka lodu

orange juice
sok pomarańczowy

coffee
kawa

tea
herbata

car
samochód

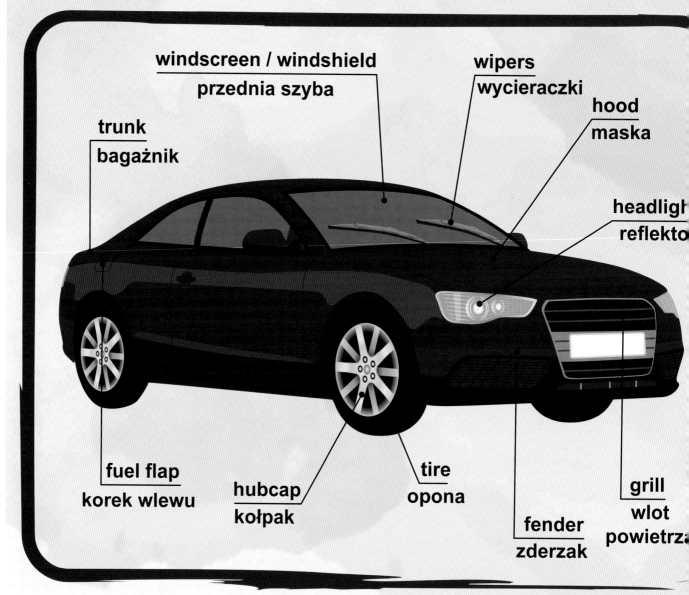

windscreen / windshield
przednia szyba

wipers
wycieraczki

hood
maska

trunk
bagażnik

headligh
reflekto

fuel flap
korek wlewu

hubcap
kołpak

tire
opona

grill
wlot
powietrz

fender
zderzak

steering wheel
kierownica

engine
silnik

minivan
furgonetka

recreational vehicle
kamper

van
furgonetka

dump truck
wywrotka

pickup truck
pikap

tow truck
wóz holowniczy

truck
ciężarówka

freight truck
platforma do przewożenia samochodów

73

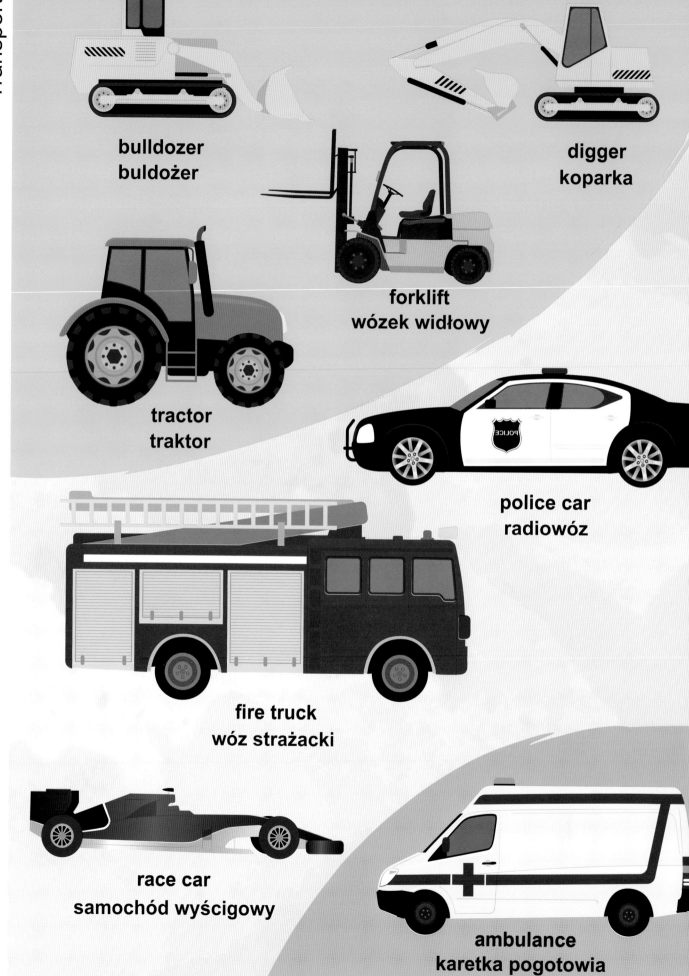

bulldozer
buldożer

digger
koparka

forklift
wózek widłowy

tractor
traktor

police car
radiowóz

fire truck
wóz strażacki

race car
samochód wyścigowy

ambulance
karetka pogotowia

bicycle
rower

saddle
siodełko

handlebars
kierownica

brake
hamulec

wheel
koło

spokes
szprycha

pedal
pedał

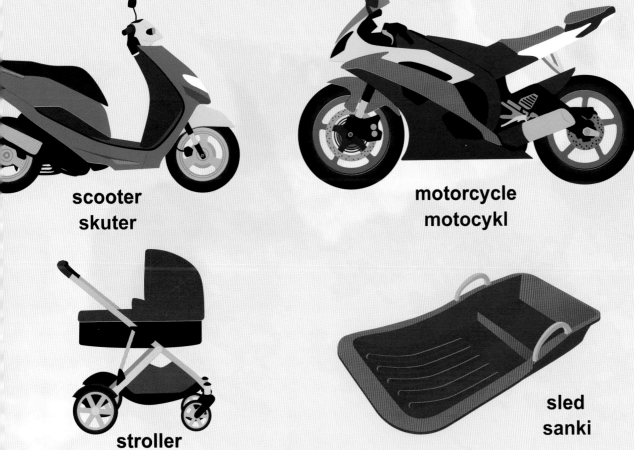

scooter
skuter

motorcycle
motocykl

stroller
wózek

sled
sanki

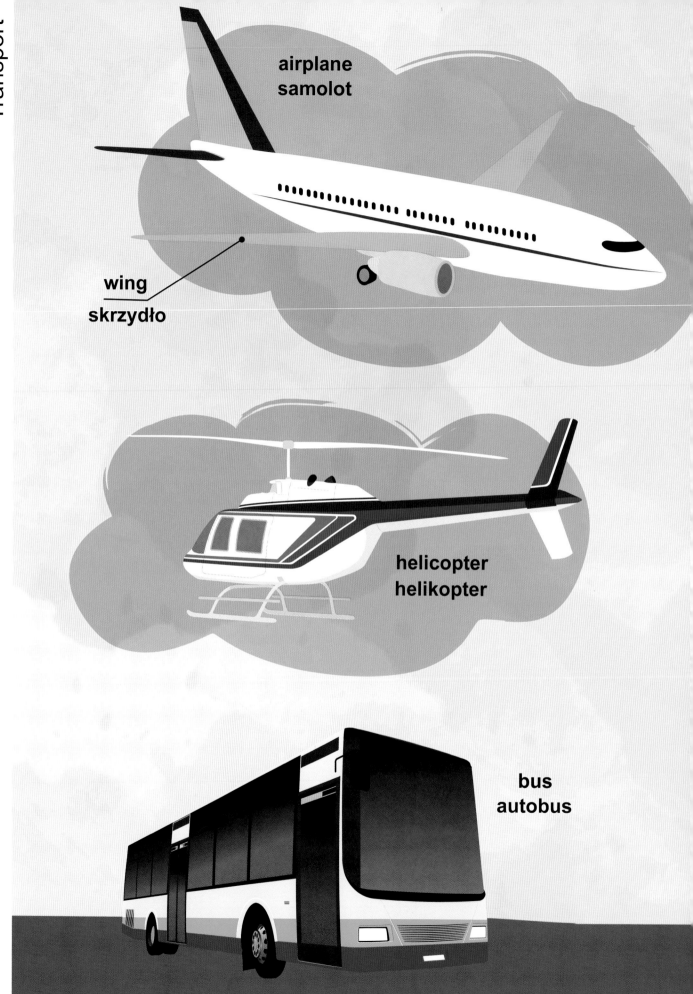

airplane
samolot

wing
skrzydło

helicopter
helikopter

bus
autobus

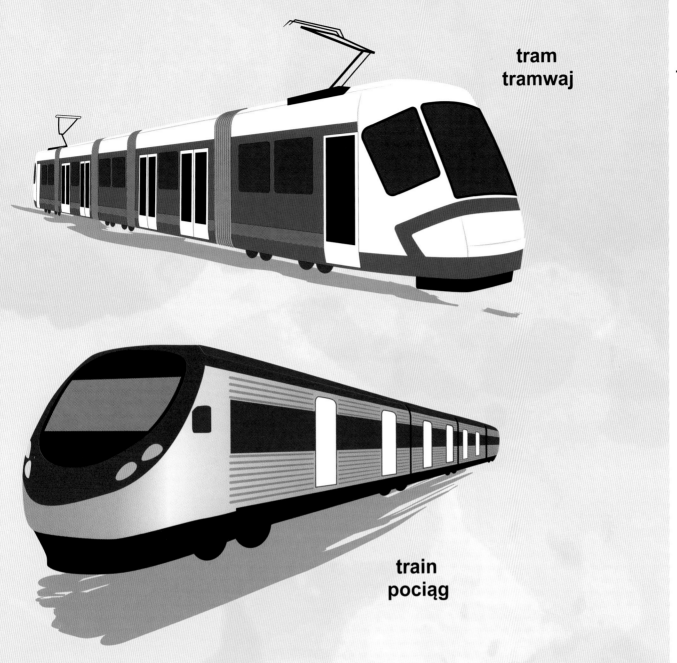

tram
tramwaj

train
pociąg

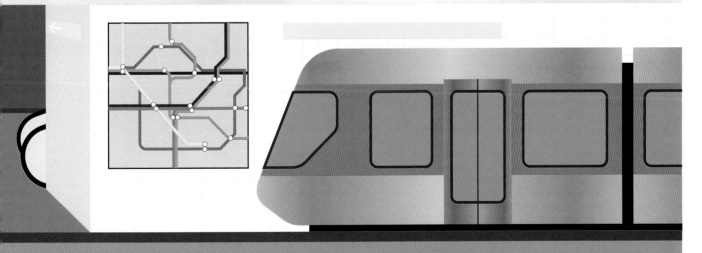

underground / subway
metro

container ship
kontenerowiec

cruise ship
statek wycieczkowy

yacht
jacht

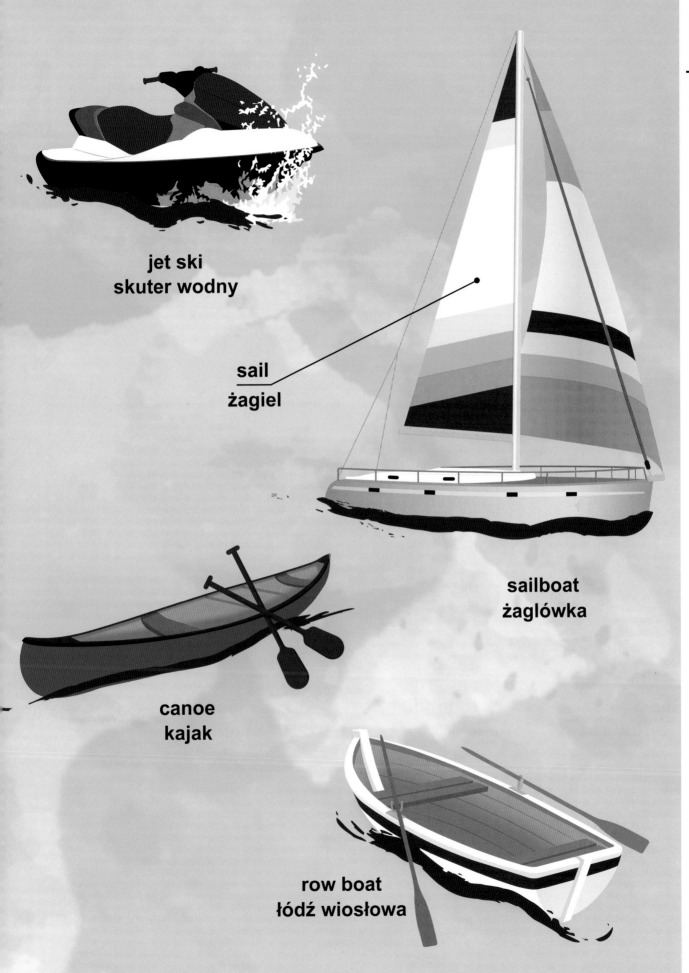

jet ski
skuter wodny

sail
żagiel

sailboat
żaglówka

canoe
kajak

row boat
łódź wiosłowa

airport
lotnisko

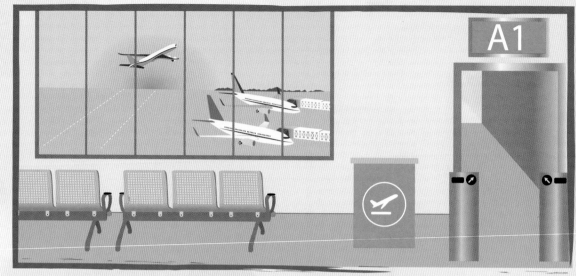

street
ulica

bus stop
przystanek
autobusowy

sidewalk
chodnik

crosswalk
przejście dla
pieszych

traffic light
światło
sygnalizatora

road
droga

highway
autostrada

traffic
ruch uliczny

garage
garaż

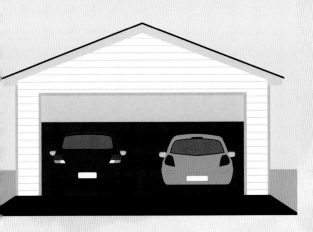

petrol station / gas station
stacja benzynowa

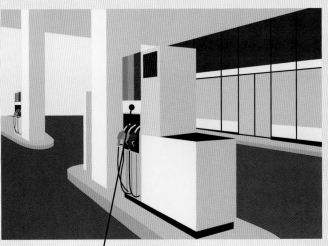

petrol pump / gas pump
dystrybutor paliwa

train station
dworzec kolejowy

railroad track
tor kolejowy

bridge
most

pier
molo

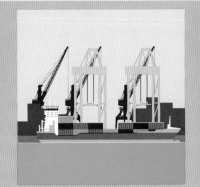

port
port

fuchsia
fuksja

camellia
kamelia

daisy
stokrotka

cotton
bawełna

bud
pąk

begonia
begonia

carnation
goździk

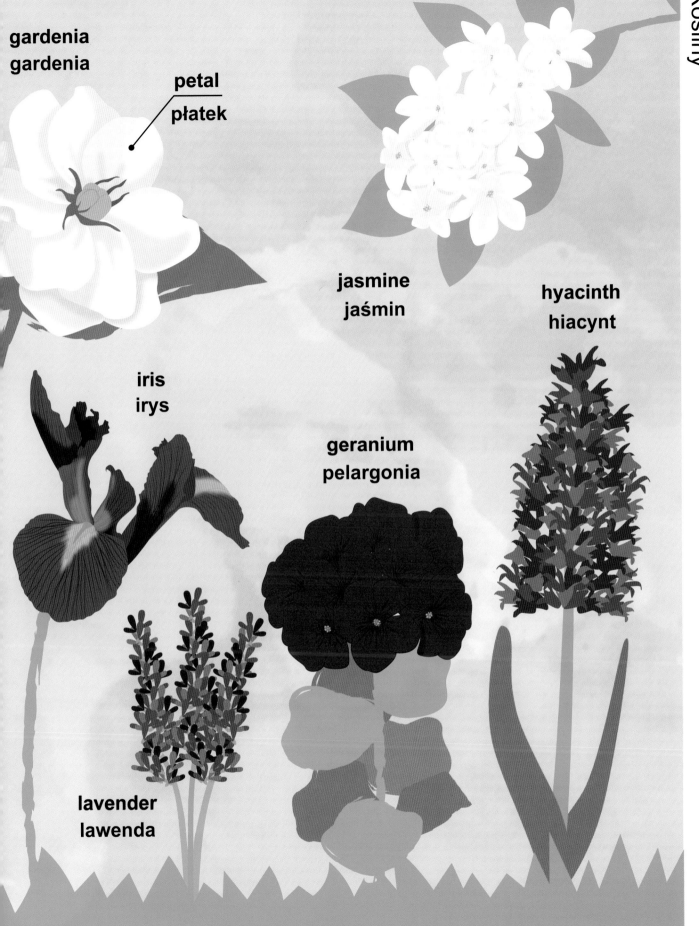

gardenia
gardenia

petal
płatek

jasmine
jaśmin

hyacinth
hiacynt

iris
irys

geranium
pelargonia

lavender
lawenda

magnolia
magnolia

snapdragon
lwia paszcza

nettle
pokrzywa

daffodil
narcyz

poppy
mak

lilac
bez

moss
mech

grass
trawa

**orchid
orchidea**

**rose
róża**

**sunflower
słonecznik**

**tulip
tulipan**

**snowdrop
przebiśnieg**

**water lily
lilia wodna**

pine cone
szyszka sosnowa

oats
owies

wheat
pszenica

rye
żyto

palm tree
palma

cactus
kaktus

grape tree
winorośl

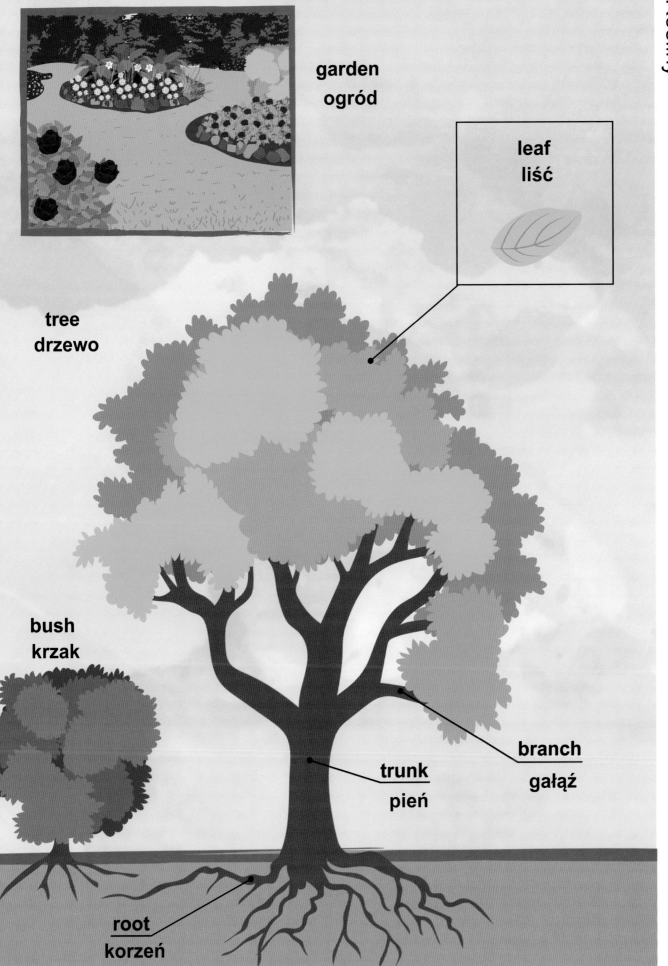

garden
ogród

leaf
liść

tree
drzewo

bush
krzak

branch
gałąź

trunk
pień

root
korzeń

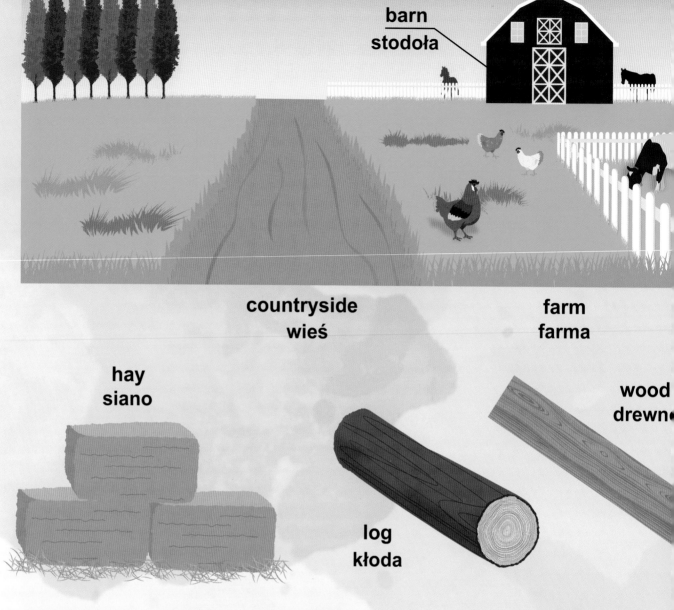

barn
stodoła

countryside
wieś

farm
farma

hay
siano

wood
drewno

log
kłoda

harvest
żniwa

field
pole

island
wyspa

sand
piasek

beach
plaża

lake
jezioro

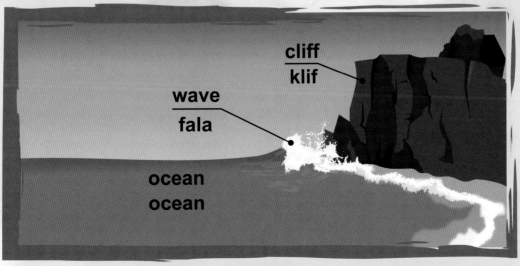

cliff
klif

wave
fala

ocean
ocean

coast
wybrzeże

wetland
moczary

dam
tama

waterfall
wodospad

forest
las

path
ścieżka

desert
pustynia

cave
jaskinia

jungle
dżungla

**soil
ziemia**

**fossil
skamielina**

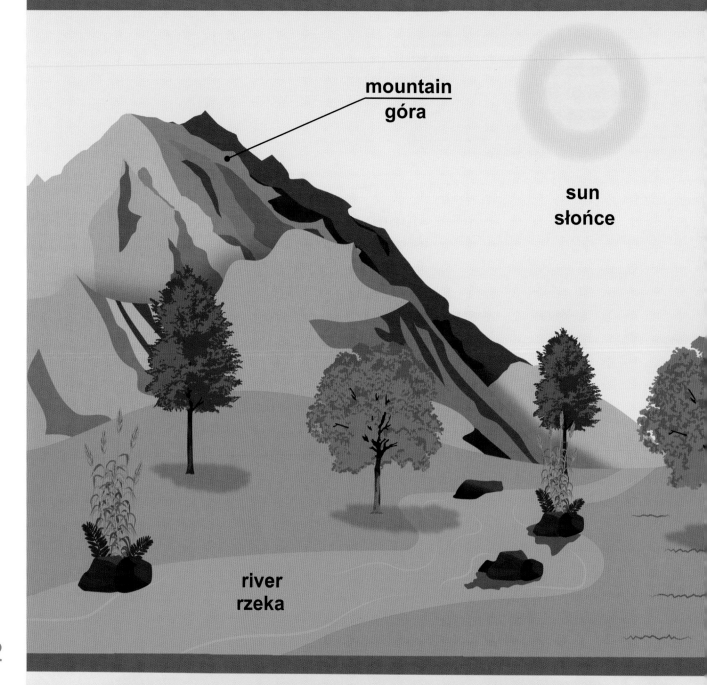

**mountain
góra**

**sun
słońce**

**river
rzeka**

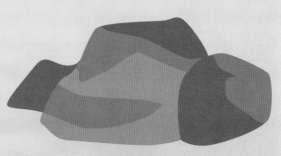

pebbles
kamyki

stone
kamień

rock
skała

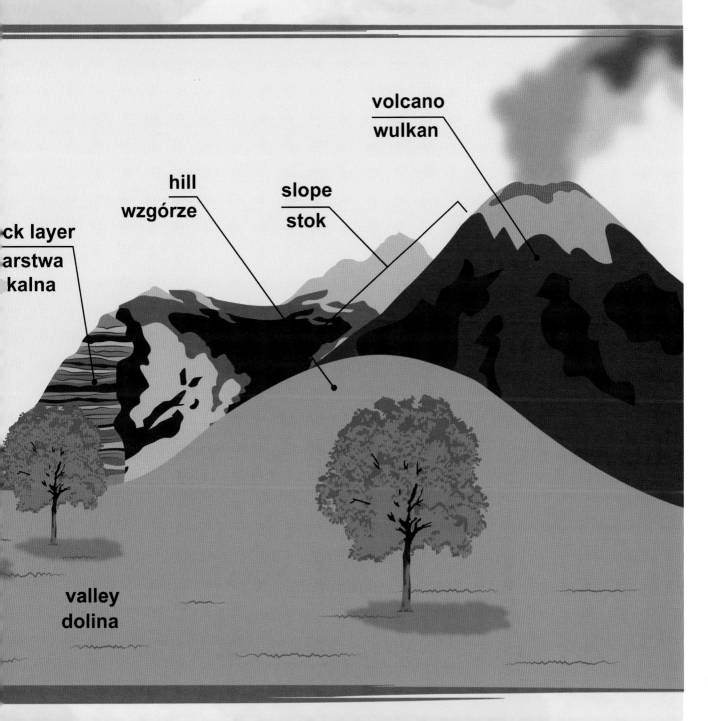

volcano
wulkan

hill
wzgórze

slope
stok

ck layer
arstwa
kalna

valley
dolina

93

disaster
katastrofa

hurricane
huragan

flood
powódź

earthquake
trzęsienie ziemi

tornado
tornado

fire
pożar

flame
płomień

ember
rozżarzony węgielek

lightning
błyskawica

cloud
chmura

rain
deszcz

puddle
kałuża

mud
błoto

frost
szron

icicle
sopel

snow
śnieg

avalanche
lawina

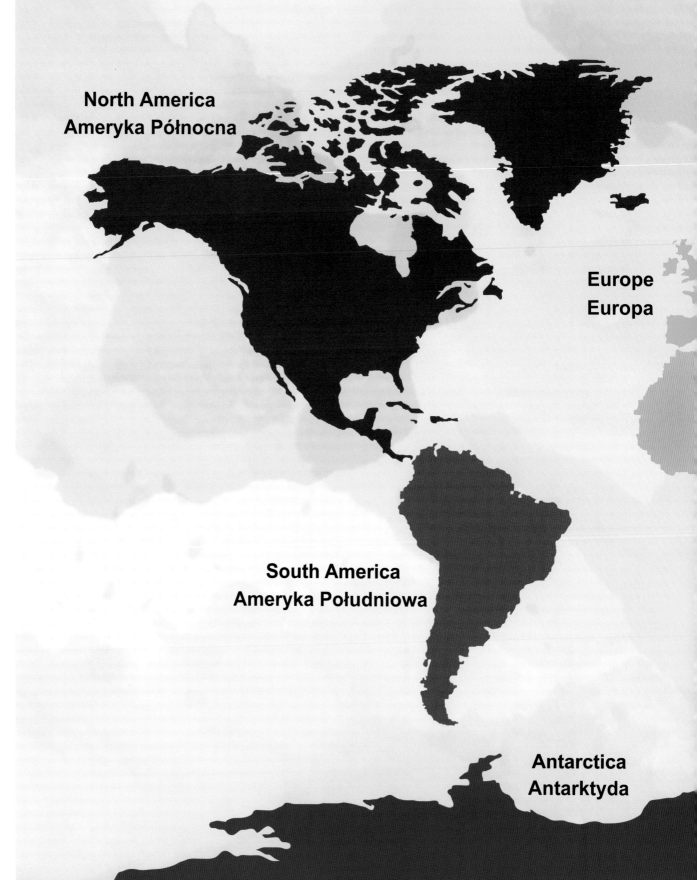

continents
kontynenty

North America
Ameryka Północna

Europe
Europa

South America
Ameryka Południowa

Antarctica
Antarktyda

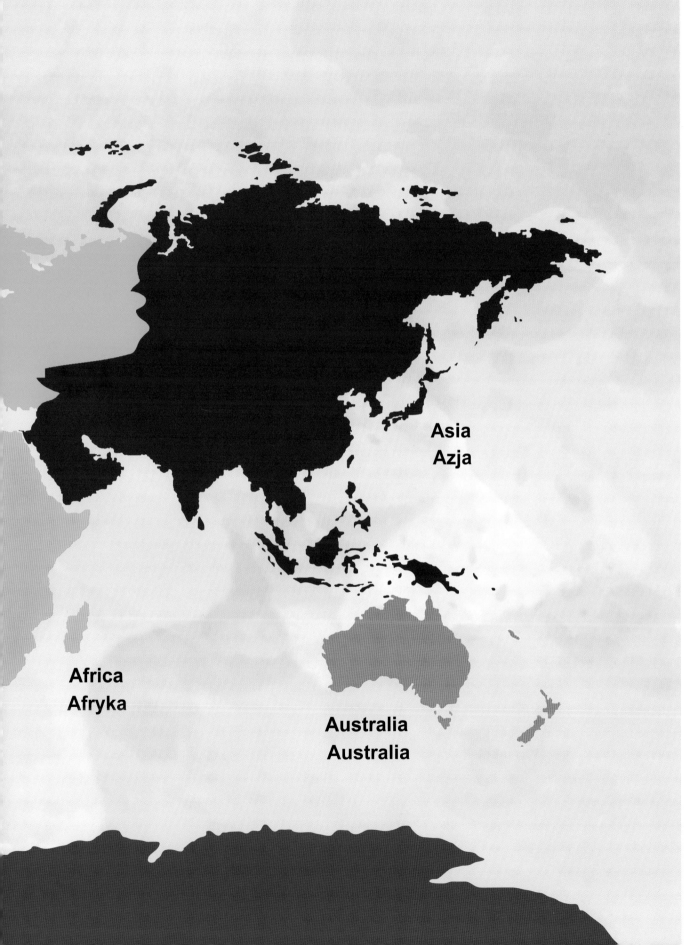

Asia
Azja

Africa
Afryka

Australia
Australia

solar system
Układ Słoneczny

Moon
Księżyc

Venus
Wenus

Earth
Ziemia

Mercury
Merkury

Neptune
Neptun

Sun
Słońce

Mars
Mars

Uranus
Uran

Saturn
Saturn

Jupiter
Jowisz

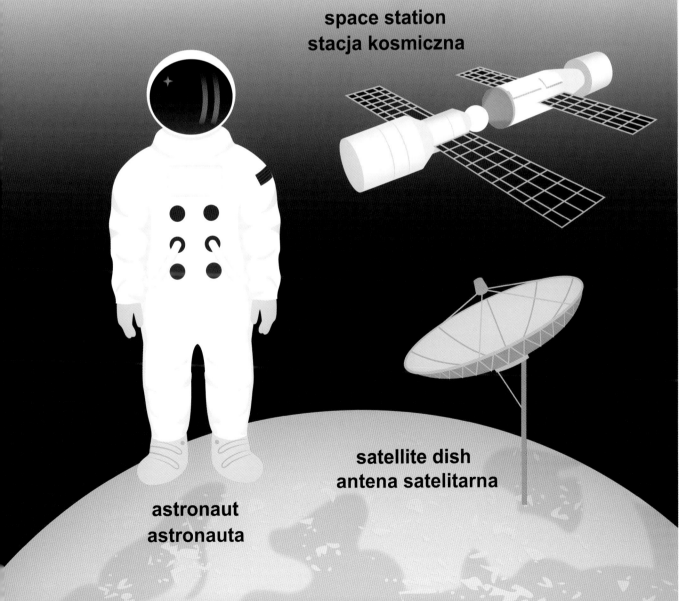

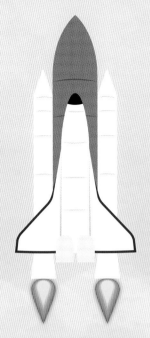

galaxy
galaktyka

space shuttle
prom kosmiczny

space station
stacja kosmiczna

astronaut
astronauta

satellite dish
antena satelitarna

American football
futbol amerykański

basketball
koszykówka

weightlifting
podnoszenie ciężarów

archery
łucznictwo

judo
dżudo

wrestling
zapasy

baseball
baseball

football / soccer
piłka nożna

hang gliding
lotniarstwo

cycling
kolarstwo

scuba diving
nurkowanie

fencing
szermierka

cricket
krykiet

marathon
maraton

sprint
sprint

stadium
stadion

high jump
skok wzwyż

javelin throw
rzut oszczepem

hurdles
bieg przez płotki

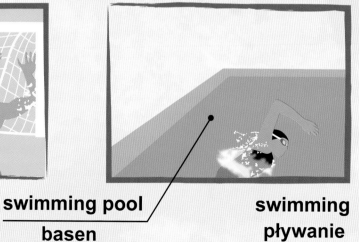

waterpolo
piłka wodna

swimming pool
basen

swimming
pływanie

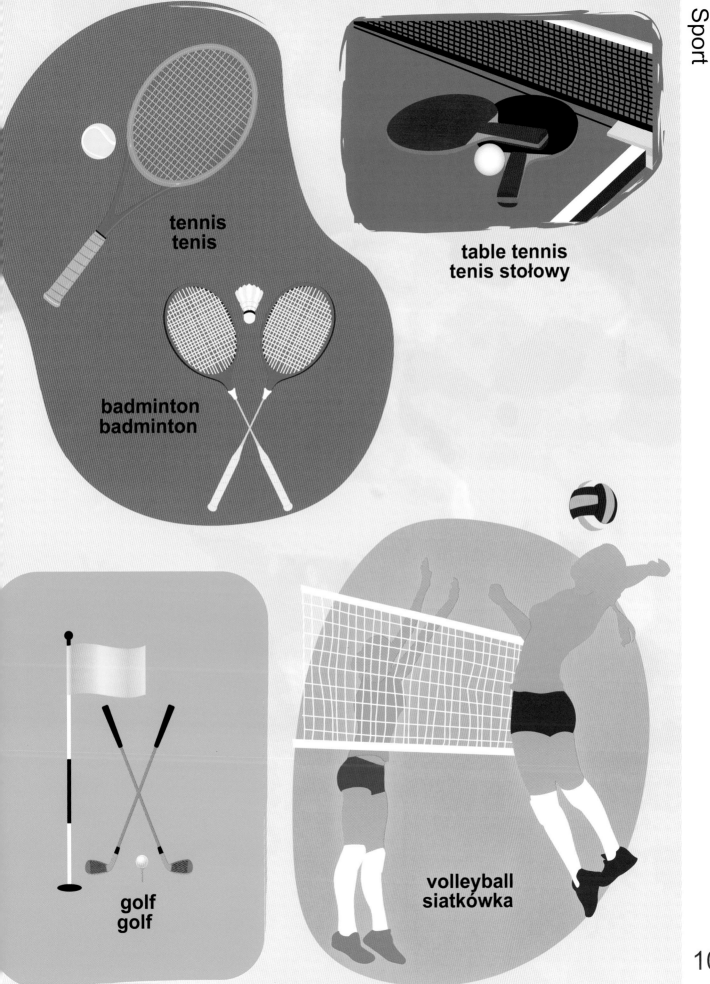

tennis
tenis

table tennis
tenis stołowy

badminton
badminton

golf
golf

volleyball
siatkówka

mountain climbing
wspinaczka
wysokogórska

snowboarding
snowboarding

ice hockey
hokej na lodzie

skiing
narciarstwo

rowing
wioślarstwo

sailing
żeglarstwo

rafting
rafting

hiking
piesza
wycieczka

horse riding
jazda konna

compass
kompas

sleeping bag
śpiwór

tent
namiot

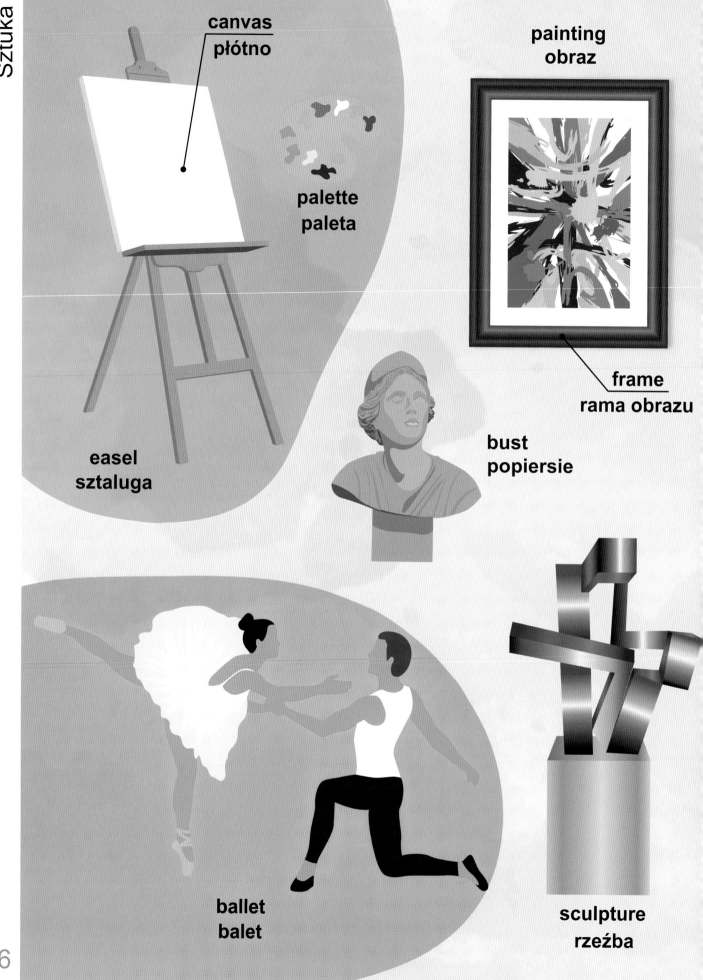

canvas
płótno

palette
paleta

easel
sztaluga

painting
obraz

frame
rama obrazu

bust
popiersie

ballet
balet

sculpture
rzeźba

auditorium
widownia

orchestra
orkiestra

stage
scena

concert
koncert

audience
publiczność

cinema
kino

museum
muzeum

theater
teatr

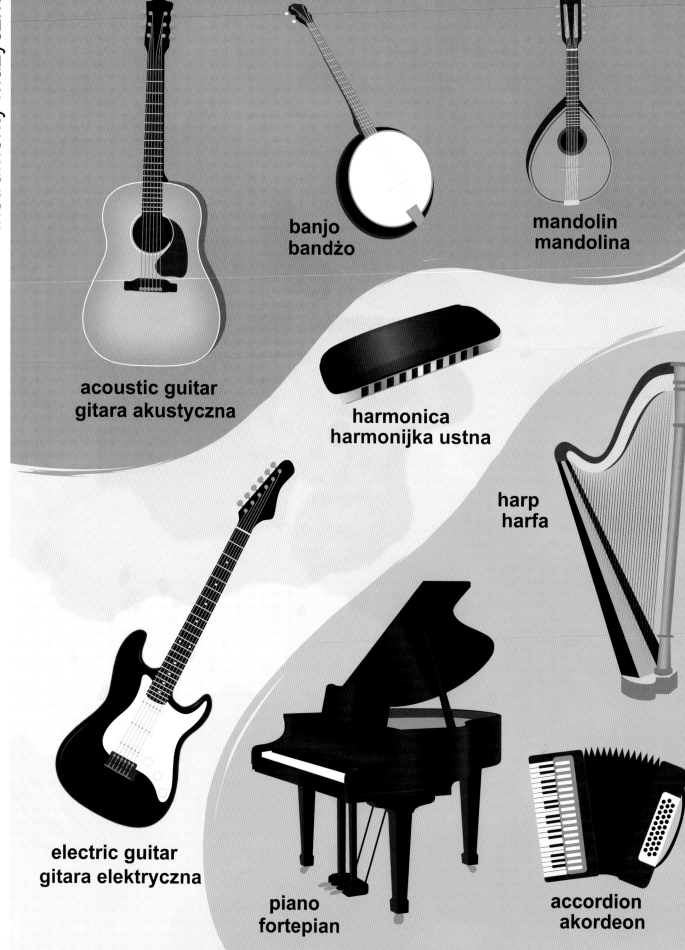

banjo
bandżo

mandolin
mandolina

acoustic guitar
gitara akustyczna

harmonica
harmonijka ustna

harp
harfa

electric guitar
gitara elektryczna

piano
fortepian

accordion
akordeon

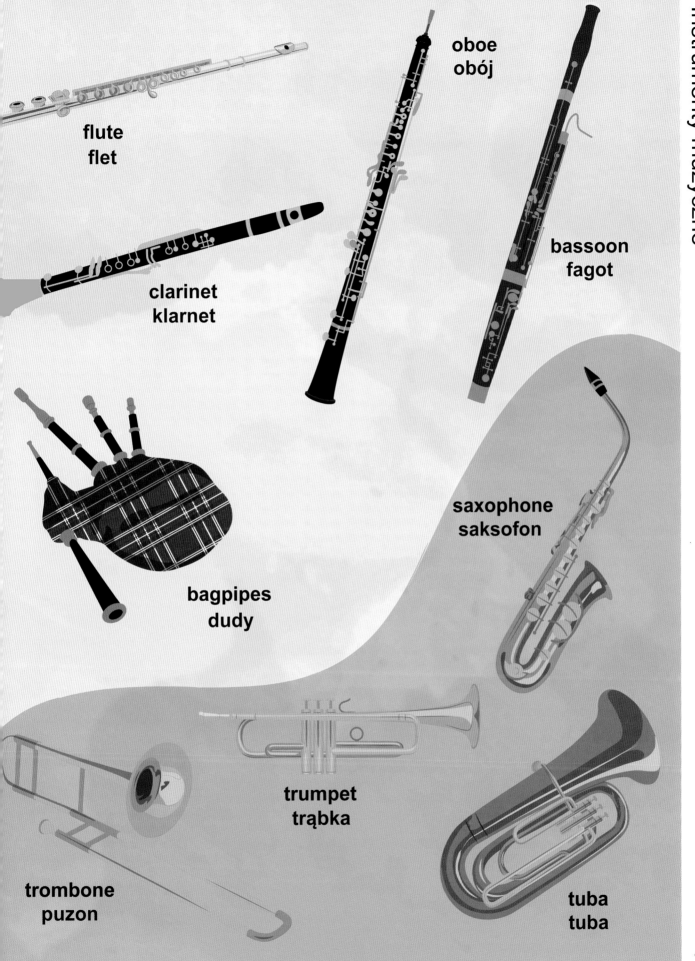

flute
flet

oboe
obój

clarinet
klarnet

bassoon
fagot

bagpipes
dudy

saxophone
saksofon

trumpet
trąbka

trombone
puzon

tuba
tuba

drum kit
perkusja

snare drum
werbel

cymbal
talerz

bass drum
bęben

drumsticks
pałeczki do gry
na perskusji

tambourine
tamburyn

bongo drums
bongosy

music stand
pulpit

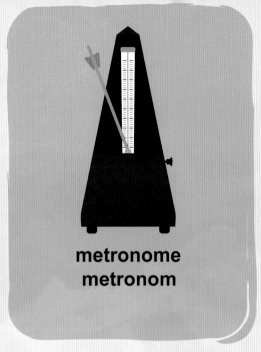

metronome
metronom

tuning fork
kamerton

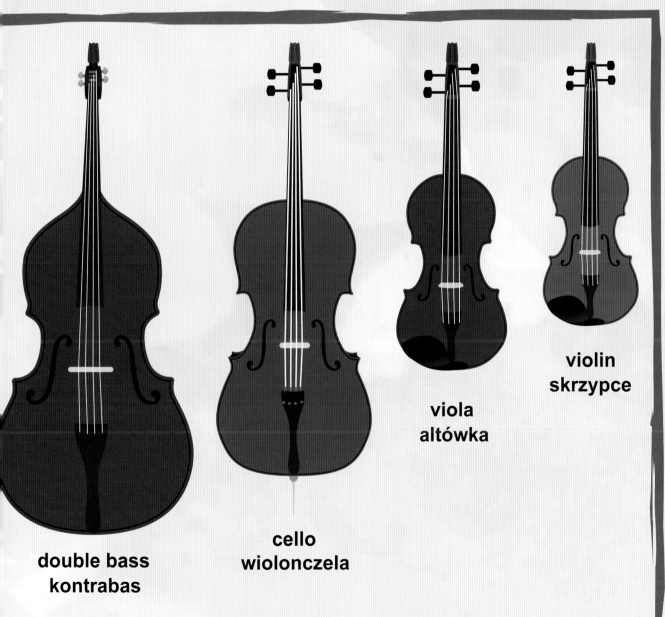

double bass
kontrabas

cello
wiolonczela

viola
altówka

violin
skrzypce

one o'clock
godzina pierwsza

hour hand
wskazówka
godzinowa

minute han
wskazówk
minutowa

second hand
wskazówka minutow

one fifteen /
quarter past one
kwadrans po pierwszej

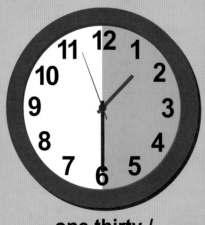

one thirty /
half past one
wpół do drugiej

one forty-five /
quarter to two
za kwadrans druga

dawn
świt

sunrise
wschód słońca

evening
wieczór

dusk
zmierzch

night
noc

midnight
północ

113

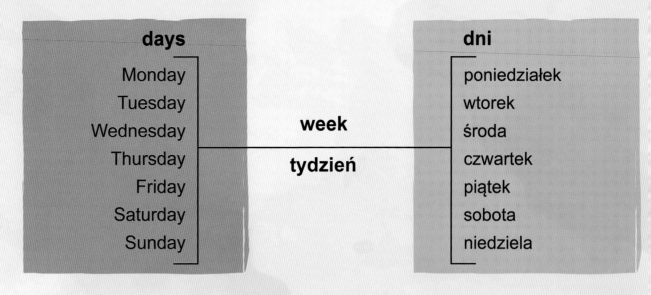

days / dni

days	dni
Monday	poniedziałek
Tuesday	wtorek
Wednesday	środa
Thursday	czwartek
Friday	piątek
Saturday	sobota
Sunday	niedziela

week
tydzień

months / miesiące

months	miesiące
January	styczeń
February	luty
March	marzec
April	kwiecień
May	maj
June	czerwiec
July	lipiec
August	sierpień
September	wrzesień
October	październik
November	listopad
December	grudzień

year
rok

2016
2026
decade
dekada

2016
2116
century
stulecie

2016
3016
millennium
tysiąclecie

seasons
pory roku

spring
wiosna

summer
lato

fall
jesień

winter
zima

classroom
klasa

desk
biurko

whiteboard
tablica

library
biblioteka

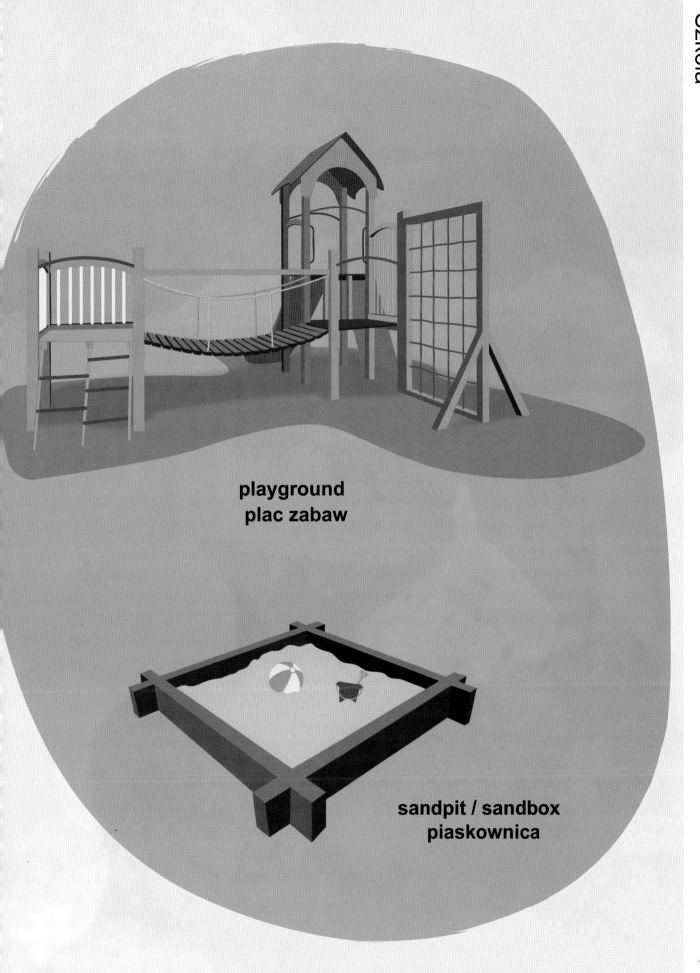

playground
plac zabaw

sandpit / sandbox
piaskownica

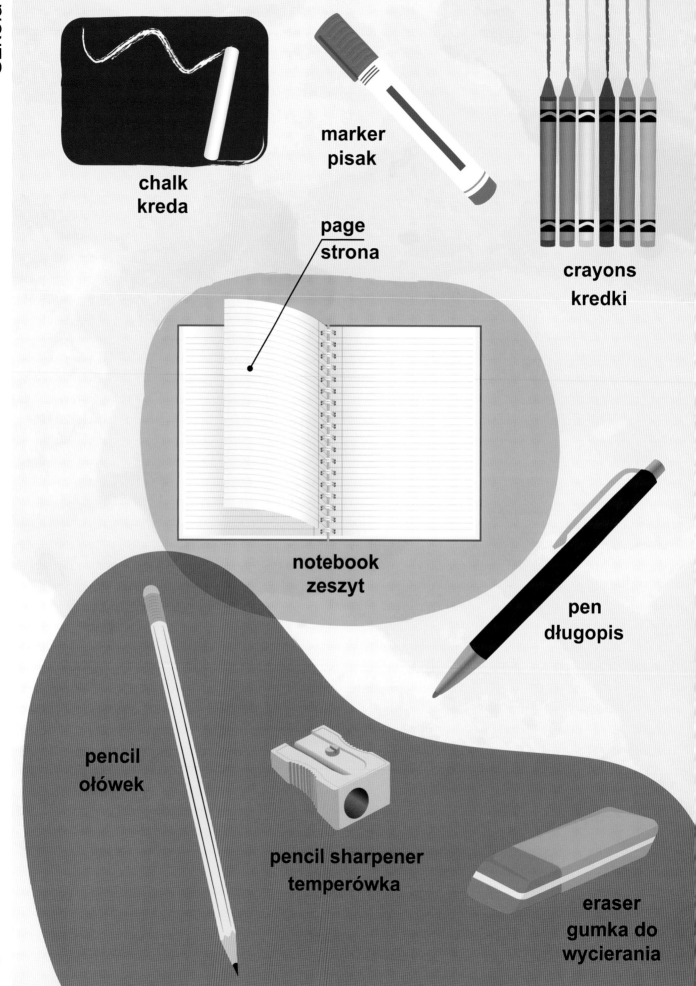

chalk
kreda

marker
pisak

crayons
kredki

page
strona

notebook
zeszyt

pen
długopis

pencil
ołówek

pencil sharpener
temperówka

eraser
gumka do
wycierania

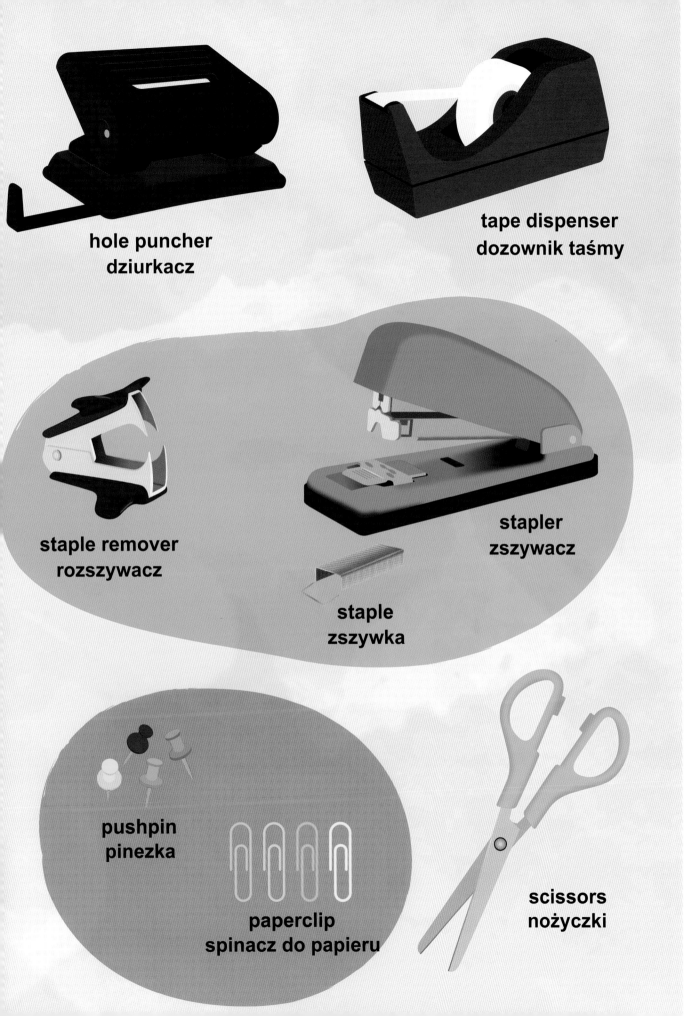

hole puncher
dziurkacz

tape dispenser
dozownik taśmy

staple remover
rozszywacz

stapler
zszywacz

staple
zszywka

pushpin
pinezka

paperclip
spinacz do papieru

scissors
nożyczki

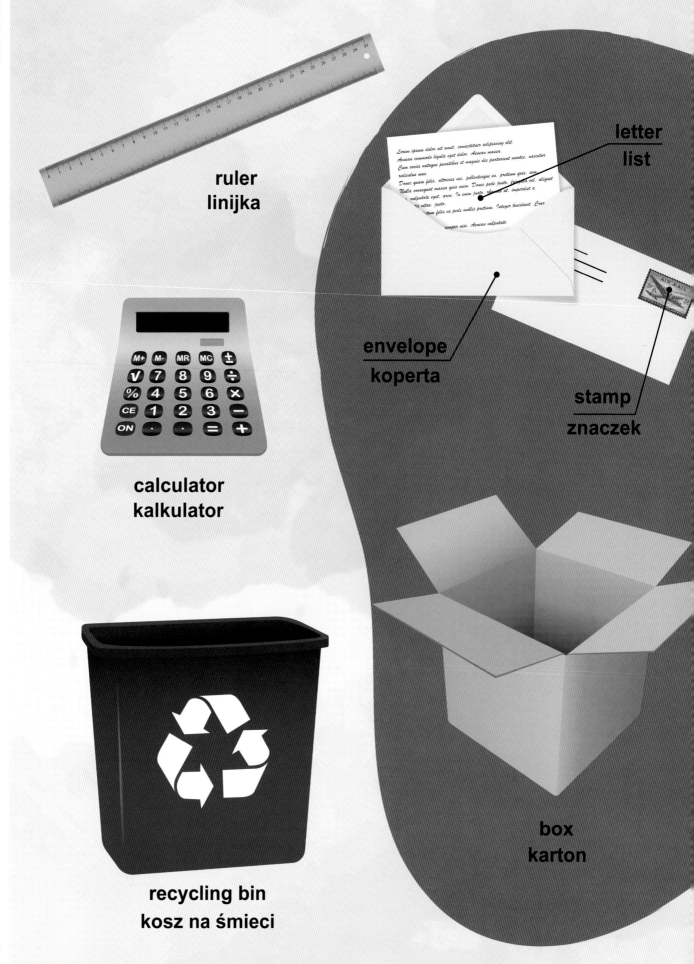

ruler
linijka

letter
list

envelope
koperta

stamp
znaczek

calculator
kalkulator

box
karton

recycling bin
kosz na śmieci

globe
globus

telescope
teleskop

microscope
mikroskop

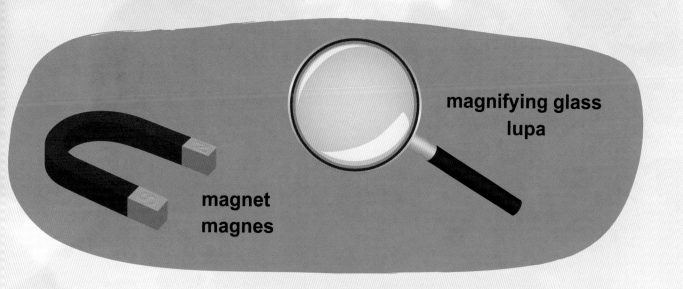

magnifying glass
lupa

magnet
magnes

0
zero
zero

1st
1
one
jeden
first
pierwszy

2nd
2
two
dwa
second
drugi

3rd
3
three
trzy
third
trzeci

4th
4
four
cztery
fourth
czwarty

5th
fifth
piąty

five
pięć

6th
sixth
szósty

six
sześć

7th
seventh
siódmy

seven
siedem

8th
eighth
ósmy

eight
osiem

9th
ninth
dziewiąty

nine
dziewięć

10
ten
dziesięć

10th tenth
dziesiąty

11
eleven
jedenaście

11th eleventh
jedenasty

12
twelve
dwanaście

12th twelfth
dwunasty

13
thirteen
trzynaście

13th thirteenth
trzynasty

14
fourteen
czternaście

14th fourteenth
czternasty

15
fifteen
piętnaście

15th   fifteenth
piętnasty

16
sixteen
szesnaście

16th   sixteenth
szesnasty

17
seventeen
siedemnaście

17th   seventeenth
siedemnasty

18
eighteen
osiemnaście

18th   eighteenth
osiemnasty

19
nineteen
dziewiętnaście

19th   nineteenth
dziewiętnasty

20 twenty
dwadzieścia

20th twentieth
dwudziesty

30 thirty
trzydzieści

30th thirtieth
trzydziesty

40 forty
czterdzieści

40th fortieth
czterdziesty

50 fifty
pięćdziesiąt

50th fiftieth
pięćdziesiąty

60 sixty
sześćdziesiąt

60th sixtieth
sześćdziesiąty

70 seventy
siedemdziesiąt

70th seventieth
siedemdziesiąty

80 eighty
osiemdziesiąt

80th eightieth
osiemdziesiąty

90 ninety
dziewięćdziesiąt

90th ninetieth
dziewięćdziesiąty

100 one hundred
sto

100th one hundredth
setny

200 two hundred
dwieście

500 five hundred
pięćset

800 eight hundred
osiemset

1,000 one thousand
tysiąc

100,000 one hundred thousand
sto tysięcy

1,000,000 one million
milion

127

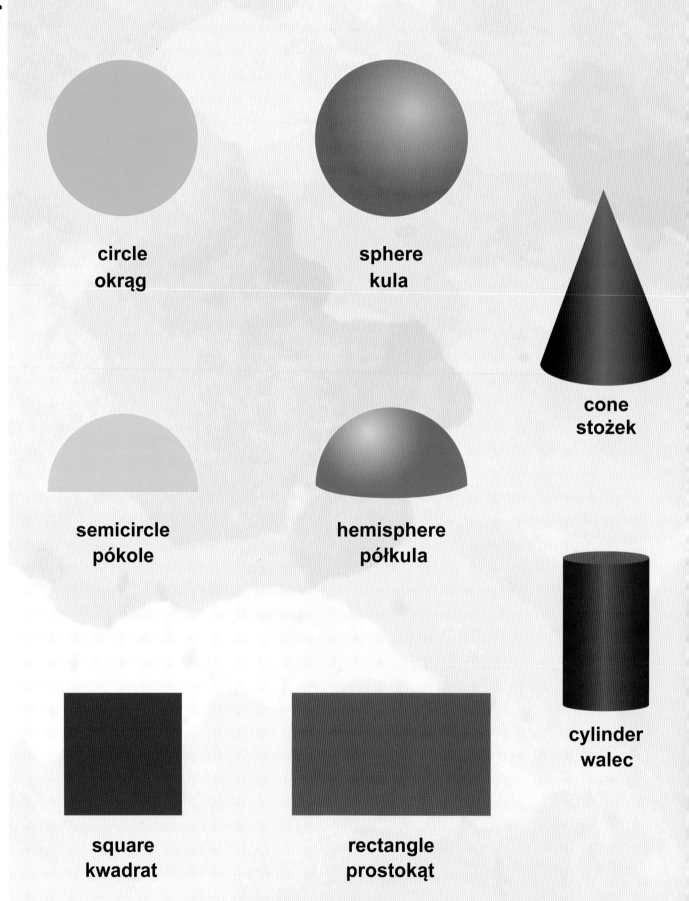

circle
okrąg

sphere
kula

cone
stożek

semicircle
pókole

hemisphere
półkula

cylinder
walec

square
kwadrat

rectangle
prostokąt

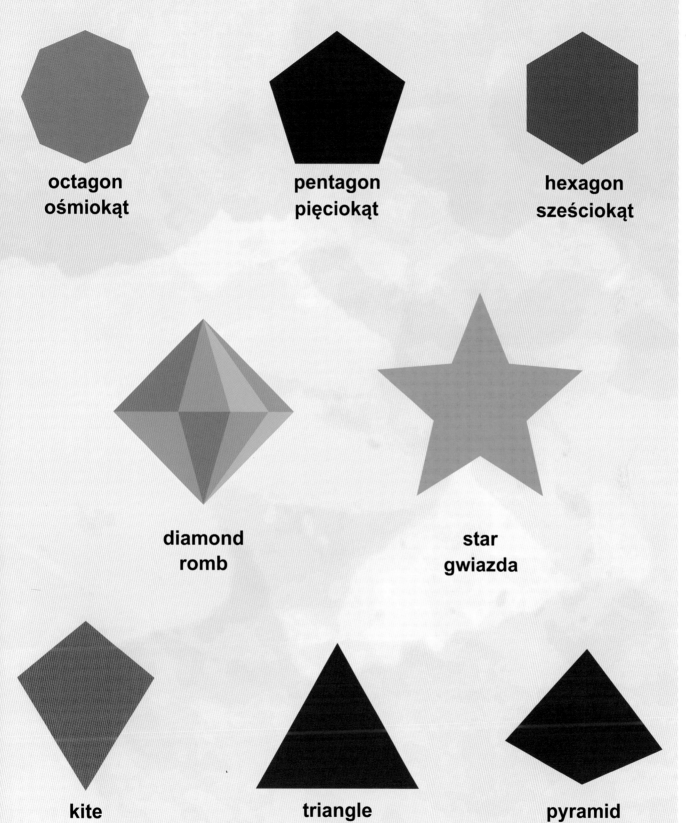

octagon
ośmiokąt

pentagon
pięciokąt

hexagon
sześciokąt

diamond
romb

star
gwiazda

kite
latawiec

triangle
trójkąt

pyramid
ostrosłup

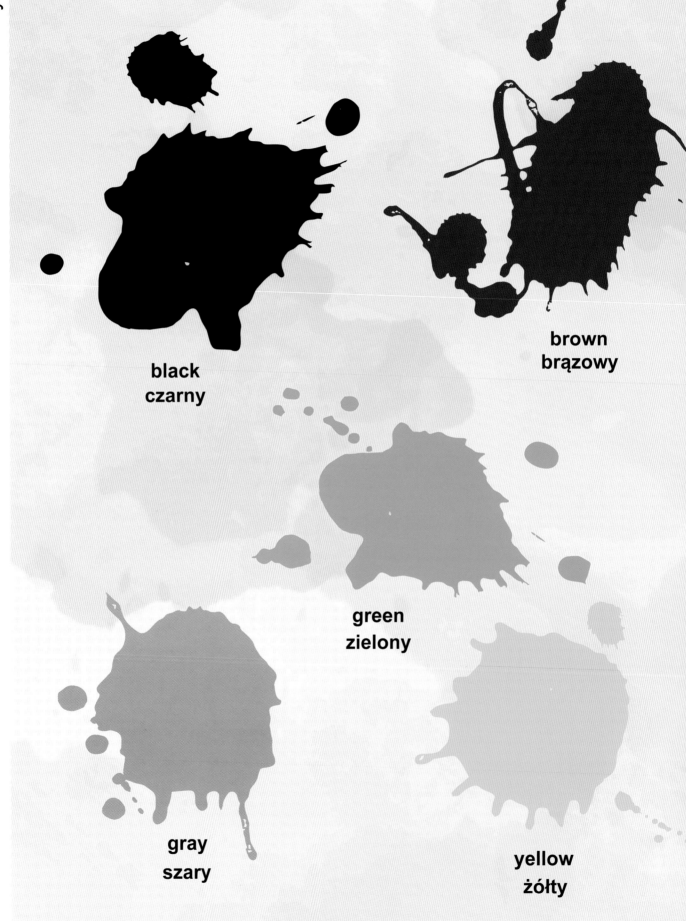

black
czarny

brown
brązowy

green
zielony

gray
szary

yellow
żółty

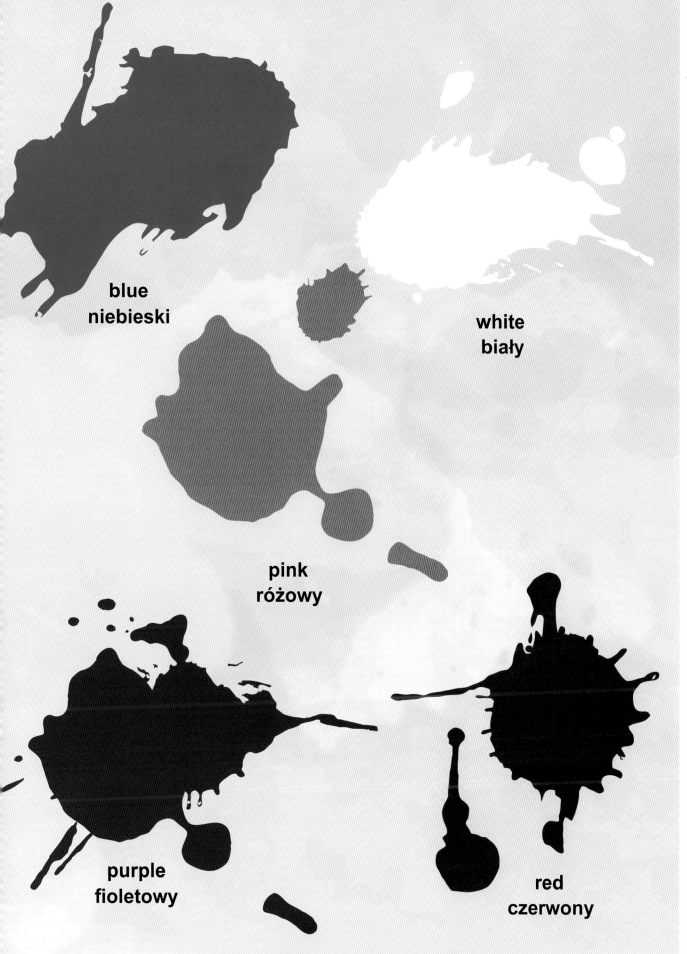

blue
niebieski

white
biały

pink
różowy

purple
fioletowy

red
czerwony

It's
apostrophe
apostrof

Yes,
comma
przecinek

like:
colon
dwukropek

self-confidence
hyphen
myślnik

after...
ellipsis
wielokropek

won!
exclamation point
wykrzyknik

When?
question mark
pytajnik

end.
period
kropka

"One day,"
quotation marks
cudzysłów

(almost)
parentheses
nawias okrągły

open;
semicolon
średnik

'good'
single quotation mar
cudzysłów
pojedynczy

3+1
**plus sign
plus**

7-3
**minus sign
minus**

8÷2
**division sign
znak dzielenia**

2×2
**multiplication sign
znak mnożenia**

$\sqrt{16}$
**square root sign
pierwiastek kwadratowy**

=4
**equal sign
znak równości**

25%
**percent sign
procent**

earth & space
**ampersand
znak &**

he/she/they
**forward slash
ukośnik prawy**

html\n
**backslash
ukośnik lewy**

info@milet.com
**at sign
małpa**

accordion	108
acoustic guitar	108
adjustable wrench	48
Africa	97
air conditioner	35
airplane	76
airport	80
almond	64
ambulance	74
American football	100
ampersand	133
ankle	23
ant	11
Antarctica	96
apartment building	24
apostrophe	132
apple	55
apricot	56
archery	100
arm	21
armchair	25
armpit	21
artichoke	60
Asia	97
asparagus	61
astronaut	99
at sign	133
attic	24
aubergine	60
audience	107
auditorium	107
Australia	97
avalanche	95
avocado	56
axe	51
backpack	45
backslash	133
badminton	103
bagpipes	109
ballet	106
banana	56
banjo	108
barn	9, 88
barrette	46
baseball	101
basket	37
basketball	100
bass drum	110
bassoon	109
bat	16
bathrobe	40
bathroom	27
bathtub	27
battery	50
beach	89
beak	6
beans	66
bear	17
bed	26
bedroom	26
bee	10
beehive	10
beetle	10

begonia	82
belt	39
bench	26
bicycle	75
birdcage	6
biscuit	63
black	130
blackberry	56
blanket	26
blender	32
blouse	38
blue	131
blueberry	56
body	21
bongo drums	110
boots	41
bottle	30
bow tie	38
bowl	29
box	120
bracelet	44
brake	75
branch	87
bread	62
breakfast	69
bridge	81
briefcase	45
broccoli	60
broom	36
brown	130
bucket	36
bud	82
bull	9
bulldozer	74
burger	62
burner	31
bus	76
bus stop	80
bush	87
bust	106
butter	70
butterfly	11
button	42
cabbage	60
cabinet	28, 29
cable	53
cactus	86
cake	63
calculator	120
calf	9, 23
camel	8
camellia	82
candy	69
candle	36
canned food	67
canoe	79
canvas	106
cap	39
car	72
car battery	50
cardigan	40
carnation	82
carpet	26

carrot	58
cat	7
caterpillar	10
cauliflower	60
cave	91
ceiling	25
ceiling fan	34
ceiling lamp	28
celery	61
cello	111
century	114
chain	50
chair	28
chalk	118
chameleon	13
chandelier	34
cheek	22
cheese	70
cherry	56
chest	21
chestnut	64
chick	7
chicken	65
chili pepper	58
chimney	24
chimpanzee	18
chin	22
chips/fries	68
chisel	51
chocolate	69
chocolate chip cookie	63
cinema	107
circle	128
clarinet	109
classroom	116
claw	6
cliff	89
clock	37
clothes hanger	42
clothespin	36
cloud	95
coast	89
coat	41
coconut	57
coffee	71
collar	7
colon	132
comb	46
combination wrenches	48
comma	132
compass	105
computer	52
concert	107
cone	128
container ship	78
coral	14
corn	58
corncob	58
cotton	82
countryside	88
courgette	60
cow	9
crab	15

crackers	63	easel	106	flood	94
crayfish	15	egg	6, 66	floor	25
crayons	118	egg white	66	floor lamp	34
crest	7	eight	123	flour	62
cricket	10	eight hundred	127	flowerpot	37
cricket	101	eighteen	125	flute	109
crocodile	13	eighteenth	125	fly	11
crosswalk	80	eighth	123	folding chair	25
crow	5	eightieth	127	food processor	32
cruise ship	78	eighty	127	foot	21
cub	19	elbow	23	footprint	23
cucumber	58	electric drill	50	forehead	22
curtain	25	electric guitar	108	forest	90
cushion	25	electric razor	47	fork	30
cuticle nipper	46	electrical outlet	35	forklift	74
cutting board	30	elephant	17	fortieth	126
cycling	101	eleven	124	forty	126
cylinder	128	eleventh	124	forward slash	133
cymbal	110	ellipsis	132	fossil	92
daffodil	84	ember	94	four	122
daisy	82	emerald	44	fourteen	124
dam	90	emery board	46	fourteenth	124
dawn	113	engine	72	fourth	122
decade	114	envelope	120	fox	17
deer	18	equal sign	133	frame	106
desert	91	eraser	118	freight truck	73
desk	116	Europe	96	frog	12
desk lamp	34	evening	113	frost	95
dessert	69	exclamation point	132	fruit juice	71
diamond	44, 129	eye	22	frying pan	29
digger	74	eye glasses	43	fuchsia	82
dill	61	eyebrow	22	fuel flap	72
dining table	28	eyelashes	22	galaxy	99
disaster	94	eyelid	22	garage	81
dishwasher	33	face	22	garden	87
division sign	133	falcon	4	gardenia	83
dog	7	fall	115	garlic	58
dolphin	15	farm	88	gas pump	81
donkey	8	faucet	27	gas station	81
door	24	faucet	31	geranium	83
door buzzer	35	fawn	18	giraffe	19
door handle	35	feather	6	glass	30
doorbell	35	fencing	101	globe	121
doormat	37	fender	72	glove	41
double bass	111	field	88	goat	9
dragonfly	11	fifteen	125	golf	103
drawer	29	fifteenth	125	goose	8
dress	38	fifth	123	gorilla	18
drill bit	49	fiftieth	126	grape	55
drum kit	110	fifty	126	grapefruit	57
drumsticks	110	finger	21	grape tree	86
duck	8	fingernail	22	grasshopper	11
dump truck	73	fingerprint	22	gray	130
dusk	113	fire	94	green	130
dust cloth	26	fire truck	74	green bean	59
duster	33	fireplace	25	grill	72
eagle	4	first	122	ground beef	65
ear	22	fish	15, 65	ground floor	24
earphones	53	five	123	gull	4
earrings	44	five hundred	127	hair	22
Earth	98	flame	94	hair dryer	47
earthquake	94	flamingo	4	hairbrush	46
earthworm	12	flip-flops	40	half past one	112

hammer	48
hand	21, 22
hand bag	45
hand gliding	101
handlebars	75
handsaw	51
harmonica	108
harp	108
harvest	88
hat	38
hay	88
hazelnut	64
head	21
headlight	72
hedgehog	20
heel	23
helicopter	76
hemisphere	128
hen	7
heron	4
hexagon	129
high jump	102
highway	80
hiking	105
hill	93
hip	23
hippopotamus	18
hole puncher	119
honey	67
hood	72
horn	18
horse	8
horse riding	105
hose	51
hour hand	112
house	24
hurdles	102
hurricane	94
hyacinth	83
hyphen	132
ice cream	69
ice cube	71
ice hockey	104
icicle	95
iguana	12
index finger	22
iris	83
iron	33
ironing board	36
island	89
jar	30
jasmine	83
javelin	102
jeans	39
jellyfish	15
jerrycan	37
jet ski	79
jewellery	44
judo	100
juicer	30
jungle	91
Jupiter	98
kangaroo	16

key	35
keyboard	52
kitchen	29
kite	129
kitten	7
kiwi	57
knee	21
knife	30
koala	16
ladder	50
ladybird	11
lake	89
lamb	9
lavender	83
leaf	87
leek	61
leg	21
lemon	55
lemonade	71
lentils	66
leopard	19
letter	120
lettuce	60
library	116
lighter	31
lightning	95
lilac	84
lion	19
lip	22
little finger	22
living room	25
lizard	13
llama	16
lobster	14
log	87
long-nose pliers	49
lovebird	5
magnet	121
magnifying glass	121
magnolia	84
mallet	49
mandarin	57
mandolin	108
mane	19
mango	57
manicure set	46
marathon	102
marker	118
Mars	98
melon	57
Mercury	98
metronome	111
microphone	53
microscope	121
microwave oven	32
middle finger	22
midnight	113
milk	70
millennium	114
minivan	73
mint	61
minus sign	133
minute hand	112

mirror	27
mixer	32
mobile phone	53
mole	20
mole wrench	48
monitor	52
month	114
Moon	98
mop	36
mosquito	11
moss	84
moth	11
motorcycle	75
mountain	92
mountain climbing	104
mouse	20, 52
mouth	22
mud	95
multiplication sign	133
museum	107
mushroom	58
music stand	111
nail	49
nail clippers	46
nail file	46
navel	23
neck	22
necklace	44
Neptune	98
nest	6
nettle	84
newspaper	53
newt	12
night	113
night stand	26
nine	123
nineteen	125
nineteenth	125
ninetieth	127
ninety	127
ninth	123
North America	96
nose	22
notebook	118
nut	49
oats	86
oboe	109
ocean	89
octagon	129
octopus	15
oil	67
okra	59
olive	67
olive oil	67
one	122
one hundred	127
one hundrendth	127
one hundred thousand	127
one million	127
one o'clock	112
one thousand	127
onion	59
open ended wrench	48

orange	55
orange juice	71
orchestra	107
orchid	85
ostrich	5
otter	20
oven	29
owl	6
padlock	50
page	118
painting	106
palm	21
palm tree	86
pancakes	63
panda	17
paper-clip	119
parentheses	132
parrot	6
parsley	61
passport	43
pasta	66
path	90
peach	56
peacock	5
peanut	64
pear	55
peas	59
pebbles	93
pedal	75
pelican	4
pen	118
pencil	118
pencil sharpener	118
penguin	15
pentagon	129
pepper	58
pepper	68
percent	133
perfume	47
period	132
pet	7
pet bed	7
petal	83
piano	108
pick	51
pickup truck	73
pie	63
pier	81
pig	9
pigeon	5
pillow	26
pine cone	86
pineapple	55
pink	131
pins	42
pistachio	64
pitcher	31
pizza	62
place setting	28
plate	30
playground	117
plug	50
plum	55
plus sign	133
pocket	39
polar bear	17
police car	74
pomegranate	57
popcorn	69
poppy	84
port	81
pot	29
potato	59
printer	52
puddle	95
pumpkin	59
pumps	38
puppy	7
purple	131
purse	43
pushpin	119
pyramid	129
quarter past one	112
quarter to two	112
question mark	132
quince	57
quotation marks	132
rabbit	20
raccoon	16
race car	74
radiator	35
radio	53
radish	61
rafting	104
railroad station	81
railroad track	81
rain	95
rake	51
range hood	29
raspberry	56
rat	20
razor	47
recriotional vehicle	73
rectangle	128
recycling bin	120
red	131
reel	42
refrigerator	29
restaurant	54
rhinoceros	18
ribbon	42
rice	66
ring	44
ring finger	22
river	92
road	80
robin	5
rock	93
rocking chair	25
rock layer	93
roof	24
rooster	7
root	87
rope	51
rose	85
row boat	79
rowing	104
rubbish bag/garbage bag	37
ruby	44
rug	25
ruler	120
rye	86
saddle	75
safety helmet	50
safety pin	42
sail	79
sailboat	79
sailing	104
salad	68
salamander	12
salt	68
sand	89
sandals	39
sandpit/sandbox	117
sandwich	62
satellite dish	99
Saturn	98
sausage	65
saxophone	109
scale	31
scanner	52
scarf	41
scissors	46
scissors	119
scooter	75
scorpion	10
screw	49
screwdriver	49
scuba diving	101
sculpture	106
seahorse	14
seal	15
seaweed	14
second	122
second hand	112
semicircle	128
semicolon	132
seven	123
seventeen	125
seventeenth	125
seventieth	126
seventh	123
seventy	126
sewing needle	42
shaker	31
shaving brush	47
sheep	9
sheet	26
shelf	27
shin	23
shirt	39
shoelaces	39
shoes	38
shorts	39
shoulder	23
shovel	51
shower	27
sidewalk	80
single quotation marks	132

sink	27
sink	31
six	123
sixteen	125
sixteenth	125
sixth	123
sixtieth	126
sixty	126
skeleton	23
skiing	104
skirt	38
skull	23
skunk	16
sled	75
sleeping bag	105
slice of bread	62
slip joint pliers	48
slippers	40
slope	93
slow cooker	29
snacks	68
snail	10
snake	12
snapdragon	84
snare drum	110
sneakers	39
snow	95
snowboarding	104
snowdrop	85
soap	27
soccer	101
socks	41
sofa	25
soil	92
solar system	98
soup	68
South America	96
soy milk	70
space	98
space shuttle	99
space station	99
sparrow	6
spatula	31
speaker	52
sphere	128
spider	11
spinach	61
spirit level	48
spoke	75
sponge	27
spoon	30
spotlight	34
spring	115
spring onion	61
sprint	102
square	128
square root of	133
squirrel	20
stadium	102
stage	107
stamp	120
staple remover	119
stapler	119
staples	119
star	129
starfish	14
steak	65
steering wheel	72
steps	24
stomach	21
stone	93
stool	28
storage box	36
stork	5
strawberry	56
street	80
stroller	75
sugar	69
suit	38
suitcase	45
summer	115
Sun	92, 98
sunflower	85
sunglasses	43
sunrise	113
supermarket	54
swallow	5
swan	4
sweater	40
swimming	102
swimming pool	102
swimming trunks	40
swimsuit	40
T-shirt	39
table lamp	34
tablet	53
tableware	28
tadpole	12
tail	6, 20
tambourine	110
tape dispenser	119
tape measure	49
tea	71
teapot	31
teaspoon	31
telephone	53
telescope	121
ten	124
tennis	103
tent	105
tenth	124
theater	107
thigh	21
third	122
thirteen	124
thirteenth	124
thirtieth	126
thirty	126
thread	42
three	122
thumb	22
tie	38
tiger	19
tire	72
toad	13
toast	62
toaster	32
toaster oven	32
toe	21
toilet	27
toilet paper	27
tomato	59
toolbox	50
toothbrush	47
toothpaste	47
torch	50
tornado	94
tortoise	13
tow truck	73
towel	27
tracksuit	41
tractor	74
traffic	80
traffic light	80
train	77
tram	77
tree	87
triangle	129
trombone	109
trousers	41
truck	73
trumpet	109
trunk	17, 72, 87
tuba	109
tulip	85
tuning fork	111
turkey	8
turnip	61
turtle	14
tusk	17
tweezers	46
twelfth	124
twelve	124
twentieth	126
twenty	126
two	122
two hundred	127
umbrella	45
underground	77
Uranus	98
vacuum cleaner	33
valley	93
van	73
vase	37
Venus	98
video camera	53
viola	111
violin	111
volcano	93
volleyball	103
vulture	6
waist	21
wall	24
wallet	43
walnut	64
walrus	14
wardrobe	26
washing machine	33
wasp	10

watch	44
water	71
water lily	85
water polo	102
waterfall	90
watermelon	55
wave	89
web	11
week	114
weightlifting	100
wetland	90
wheat	86
wheel	75
wheelbarrow	51
white	131
whiteboard	116
window	24
windscreen	72
wipers	72
wing	6
wing	76
winter	115
wolf	17
wood	87
woodpecker	6
wrestling	100
wrist	22
yacht	78
year	114
yellow	130
yogurt	70
yolk	66
zebra	18
zero	122
zipper	42